The Invisible Man

Der unsichtbare Mann

Volume I / II

English – German

by H. G. Wells

Translated by Möwenstein

Contents

CHAPTER I. THE STRANGE MAN'S ARRIVAL

KAPITEL I. DIE ANKUNFT DES FREMDEN MANNES

1.1 The stranger came early in February, one wintry day, through a biting wind and a driving snow, the last snowfall of the year, over the down, walking from Bramblehurst railway station, and carrying a little black portmanteau in his thickly gloved hand.

Der Fremde kam an einem frühen Februartag im Winter bei beißendem Wind und Schneetreiben, dem letzten Schneefall des Jahres, vom Bahnhof Bramblehurst und trug eine kleine schwarze Reisetasche in seiner dick behandschuhten Hand.

1.2 He was wrapped up from head to foot,

Er war von Kopf bis Fuß eingemummt,

1.3 and the brim of his soft felt hat hid every inch of his face but the shiny tip of his nose;

und die Krempe seines weichen Filzhuts verdeckte jeden Zentimeter seines Gesichts bis auf die glänzende Nasenspitze;

the snow had piled itself against his shoulders and chest, and added a white crest to the burden he carried.   1.4

der Schnee hatte sich auf seinen Schultern und seiner Brust aufgetürmt und fügte der Last, die er trug, einen weißen Kamm hinzu.

He staggered into the "Coach and Horses" more dead than alive, 1.5

Er taumelte in das "Coach and Horses," mehr tot als lebendig,

and flung his portmanteau down. "A fire," he cried, 1.6

und warf sein Portmanteau zu Boden. "Ein Feuer," rief er,

"in the name of human charity! 1.7

"im Namen der menschlichen Nächstenliebe!

A room and a fire!" 1.8

Ein Zimmer und ein Feuer!"

He stamped and shook the snow from off himself in the bar, and followed Mrs. Hall into her guest parlour to strike his bargain. 1.9

Er stapfte durch die Bar, schüttelte den Schnee von sich und folgte Mrs. Hall in ihr Gästezimmer, um sein Geschäft abzuschließen.

And with that much introduction, that and a couple of sovereigns flung upon the table, he took up his quarters in the inn. 1.10

Nach dieser Einführung und ein paar Sovereigns, die er auf den Tisch legte, bezog er sein Quartier im Gasthaus.

2.1 **Mrs. Hall lit the fire and left him there while she went to prepare him a meal with her own hands.**

Frau Hall zündete das Feuer an und ließ ihn dort zurück, während sie ihm mit ihren eigenen Händen eine Mahlzeit zubereitete.

2.2 **A guest to stop at Iping in the wintertime was an unheard-of piece of luck, let alone a guest who was no**

Ein Gast, der im Winter in Iping einkehrte, war ein unerhörtes Glück, ganz zu schweigen von einem Gast, der kein

2.3 **"haggler,"**

"Feilscher"

2.4 **and she was resolved to show herself worthy of her good fortune.**

war, und sie war entschlossen, sich ihres Glücks würdig zu erweisen.

2.5 **As soon as the bacon was well under way, and Millie, her lymphatic maid, had been brisked up a bit by a few deftly chosen expressions of contempt, she carried the cloth, plates, and glasses into the parlour and began to lay them with the utmost éclat.**

Sobald der Speck im Gange war und Millie, ihr lymphatisches Dienstmädchen, durch ein paar geschickt gewählte Ausdrücke der Verachtung ein wenig aufgemuntert worden war, trug sie das Tuch, die Teller und Gläser in die Stube und begann, sie mit größtem Eklat zu decken.

Although the fire was burning up briskly, she was surprised to see that her visitor still wore his hat and coat, standing with his back to her and staring out of the window at the falling snow in the yard.   2.6

Obwohl das Feuer schon kräftig brannte, war sie überrascht zu sehen, dass ihr Besucher immer noch Hut und Mantel trug, mit dem Rücken zu ihr stand und aus dem Fenster auf den fallenden Schnee im Hof starrte.

His gloved hands were clasped behind him,   2.7

Seine behandschuhten Hände waren hinter sich verschränkt,

and he seemed to be lost in thought.   2.8

und er schien in Gedanken versunken zu sein.

She noticed that the melting snow that still sprinkled his shoulders dripped upon her carpet.   2.9

Sie bemerkte, dass der schmelzende Schnee, der noch immer seine Schultern besprenkelte, auf ihren Teppich tropfte.

"Can I take your hat and coat, sir?" she said,   2.10

"Darf ich Ihnen Hut und Mantel abnehmen, Sir?" fragte sie,

"and give them a good dry in the kitchen?"   2.11

"und sie in der Küche gut trocknen?"

"No," he said without turning.   3.1

"Nein," sagte er, ohne sich umzudrehen.

She was not sure she had heard him, and was about to repeat her question.   4.1

Sie war sich nicht sicher, ob sie ihn gehört hatte, und wollte ihre Frage wiederholen.

5.1 He turned his head and looked at her over his shoulder.

Er drehte den Kopf und sah sie über seine Schulter an.

5.2 "I prefer to keep them on,"

"Ich ziehe es vor, sie aufzubewahren,"

5.3 he said with emphasis, and she noticed that he wore big blue spectacles with sidelights, and had a bush side-whisker over his coat-collar that completely hid his cheeks and face.

sagte er mit Nachdruck, und sie bemerkte, dass er eine große blaue Brille mit Seitenlicht trug und einen buschigen Seitenbart über dem Mantelkragen hatte, der seine Wangen und sein Gesicht vollständig verdeckte.

6.1 "Very well, sir," she said. "As you like.

"Sehr wohl, Sir," sagte sie. "Wie Sie wollen.

6.2 In a bit the room will be warmer."

Gleich wird das Zimmer wärmer sein."

7.1 He made no answer, and had turned his face away from her again, and Mrs. Hall, feeling that her conversational advances were ill-timed, laid the rest of the table things in a quick staccato and whisked out of the room.

Er antwortete nicht und hatte sein Gesicht wieder von ihr abgewandt, und Mrs. Hall, die spürte, dass ihre Gesprächsversuche nicht zum richtigen Zeitpunkt kamen, deckte in einem schnellen Stakkato den Rest des Tisches ab und verließ fluchtartig den Raum.

When she returned he was still standing there, like a 7.2
man of stone, his back hunched, his collar turned up,
his dripping hat-brim turned down, hiding his face
and ears completely.

Als sie zurückkam, stand er immer noch da, wie ein
Mann aus Stein, den Rücken gebeugt, den Kragen
hochgeschlagen, die tropfende Hutkrempe nach unten
geklappt, so dass sein Gesicht und seine Ohren völlig
verdeckt waren.

She put down the eggs and bacon with considerable 7.3
emphasis, and called rather than said to him:

Sie stellte die Eier und den Speck mit Nachdruck hin und
rief ihm eher zu, als dass sie es sagte:

"Your lunch is served, sir." 7.4

"Ihr Mittagessen ist serviert, Sir."

"Thank you," he said at the same time, 8.1

"Danke," sagte er gleichzeitig und rührte sich nicht,

and did not stir until she was closing the door. 8.2

bis sie die Tür geschlossen hatte.

Then he swung round and approached the table with 8.3
a certain eager quickness.

Dann drehte er sich um und ging mit einer gewissen Eile an
den Tisch heran.

As she went behind the bar to the kitchen she heard a 9.1
sound repeated at regular intervals.

Als sie hinter der Theke in die Küche ging, hörte sie
ein Geräusch, das sich in regelmäßigen Abständen
wiederholte.

9.2 **Chirk, chirk, chirk, it went, the sound of a spoon being rapidly whisked round a basin.**

Tschirp, tschirp, tschirp, das Geräusch eines Löffels, der schnell in einer Schüssel hin und her bewegt wird.

9.3 **"That girl!" she said. "There!**

"Dieses Mädchen!" sagte sie. "Da!

9.4 **I clean forgot it.**

Ich habe es ganz vergessen.

9.5 **It's her being so long!"**

Das liegt daran, dass sie so lange braucht!"

9.6 **And while she herself finished mixing the mustard,**

Und während sie selbst den Senf fertig rührte,

9.7 **she gave Millie a few verbal stabs for her excessive slowness.**

gab sie Millie ein paar verbale Ohrfeigen für ihre übermäßige Langsamkeit.

9.8 **She had cooked the ham and eggs, laid the table, and done everything, while Millie (help indeed!)**

Sie hatte den Schinken und die Eier gekocht, den Tisch gedeckt und alles erledigt, während Millie (Hilfe!)

9.9 **had only succeeded in delaying the mustard.**

es nur geschafft hatte, den Senf zu verzögern.

9.10 **And him a new guest and wanting to stay!**

Und er ein neuer Gast, der bleiben wollte!

Then she filled the mustard pot, and, putting it with a certain stateliness upon a gold and black tea-tray, carried it into the parlour.

Dann füllte sie die Senfkanne und stellte sie mit einer gewissen Eleganz auf ein gold-schwarzes Teetablett und trug sie in die Stube.

She rapped and entered promptly.

Sie klopfte und trat prompt ein.

As she did so her visitor moved quickly, so that she got but a glimpse of a white object disappearing behind the table.

Dabei bewegte sich ihr Besucher schnell, so dass sie nur einen flüchtigen Blick auf einen weißen Gegenstand erhaschen konnte, der hinter dem Tisch verschwand.

It would seem he was picking something from the floor.

Es sah so aus, als würde er etwas vom Boden aufheben.

She rapped down the mustard pot on the table, and then she noticed the overcoat and hat had been taken off and put over a chair in front of the fire, and a pair of wet boots threatened rust to her steel fender.

Sie klopfte den Senftopf auf den Tisch, dann bemerkte sie, dass der Mantel und der Hut ausgezogen und über einen Stuhl vor dem Kamin gelegt worden waren, und ein Paar nasse Stiefel drohten ihren Stahlkotflügeln Rost anzusetzen.

She went to these things resolutely.

Entschlossen ging sie zu diesen Dingen.

"I suppose I may have them to dry now,"

"Ich nehme an, ich kann sie jetzt trocknen lassen,"

10.7 she said in a voice that brooked no denial.

sagte sie mit einer Stimme, die keine Widerrede duldete.

11.1 "Leave the hat,"

"Lassen Sie den Hut liegen,"

11.2 said her visitor, in a muffled voice, and turning she saw he had raised his head and was sitting and looking at her.

sagte ihr Besucher mit gedämpfter Stimme, und als sie sich umdrehte, sah sie, dass er den Kopf gehoben hatte, saß und sie ansah.

12.1 For a moment she stood gaping at him, too surprised to speak.

Einen Moment lang starrte sie ihn an, zu überrascht, um zu sprechen.

13.1 He held a white cloth -

Er hielt ein weißes Tuch -

13.2 it was a serviette he had brought with him -

es war eine mitgebrachte Serviette -

13.3 over the lower part of his face, so that his mouth and jaws were completely hidden, and that was the reason of his muffled voice.

über den unteren Teil seines Gesichts, so dass sein Mund und sein Kiefer völlig verdeckt waren, und das war der Grund für seine gedämpfte Stimme.

13.4 But it was not that which startled Mrs. Hall.

Aber das war es nicht, was Mrs. Hall erschreckte.

It was the fact that all his forehead above his blue glasses was covered by a white bandage, and that another covered his ears, leaving not a scrap of his face exposed excepting only his pink, peaked nose.

13.5

Es war die Tatsache, dass die gesamte Stirn oberhalb der blauen Brille von einem weißen Verband bedeckt war und ein weiterer seine Ohren bedeckte, so dass kein Stück seines Gesichts zu sehen war, mit Ausnahme seiner rosafarbenen, spitzen Nase.

It was bright, pink, and shiny just as it had been at first.

13.6

Sie war hell, rosa und glänzend, genau wie am Anfang.

He wore a dark-brown velvet jacket with a high, black, linen-lined collar turned up about his neck.

13.7

Er trug eine dunkelbraune Samtjacke mit einem hohen, schwarzen, leinengefütterten Kragen, der um den Hals hochgeschlagen war.

The thick black hair, escaping as it could below and between the cross bandages, projected in curious tails and horns, giving him the strangest appearance conceivable.

13.8

Das dichte schwarze Haar, das unter und zwischen den Kreuzbinden hervorlugte, stand in seltsamen Schwänzen und Hörnern ab und verlieh ihm das denkbar seltsamste Aussehen.

This muffled and bandaged head was so unlike what she had anticipated, that for a moment she was rigid.

13.9

Dieser gedämpfte und bandagierte Kopf war so anders als das, was sie erwartet hatte, dass sie einen Moment lang starr war.

14.1 He did not remove the serviette, but remained holding it, as she saw now, with a brown gloved hand, and regarding her with his inscrutable blue glasses.
Er nahm die Serviette nicht weg, sondern hielt sie, wie sie jetzt sah, mit einer braunen behandschuhten Hand und betrachtete sie mit seiner unergründlichen blauen Brille.

14.2 "Leave the hat,"
"Lassen Sie den Hut hier,"

14.3 he said, speaking very distinctly through the white cloth.
sagte er und sprach sehr deutlich durch das weiße Tuch.

15.1 Her nerves began to recover from the shock they had received.
Ihre Nerven begannen sich von dem Schock, den sie erlitten hatte, zu erholen.

15.2 She placed the hat on the chair again by the fire.
Sie legte den Hut wieder auf den Stuhl vor dem Feuer.

15.3 "I didn't know, sir," she began, "that — "
"Ich wusste nicht, Sir," begann sie, "dass — ,"

15.4 and she stopped embarrassed.
und sie hielt verlegen inne.

16.1 "Thank you," he said drily,
"Danke," sagte er trocken,

16.2 glancing from her to the door and then at her again.
blickte von ihr zur Tür und dann wieder zu ihr.

17.1 "I'll have them nicely dried, sir, at once,"
"Ich werde sie sofort trocknen lassen, Sir,"

she said, and carried his clothes out of the room. 17.2
sagte sie und trug seine Kleidung aus dem Zimmer.

She glanced at his white-swathed head and blue 17.3
goggles again as she was going out of the door; but his
napkin was still in front of his face.
Als sie zur Tür hinausging, warf sie noch einmal einen
Blick auf seinen weißen Kopf und die blaue Brille, aber die
Serviette lag immer noch vor seinem Gesicht.

She shivered a little as she closed the door behind 17.4
her, and her face was eloquent of her surprise and
perplexity.
Sie zitterte ein wenig, als sie die Tür hinter sich schloss,
und ihr Gesicht spiegelte ihre Überraschung und
Ratlosigkeit wider.

"I never," she whispered. "There!" 17.5
"Ich habe nie," flüsterte sie. "Da!"

She went quite softly to the kitchen, and was too 17.6
preoccupied to ask Millie what she was messing
about with now, when she got there.
Sie ging ganz leise in die Küche und war zu sehr damit
beschäftigt, Millie zu fragen, was sie jetzt, als sie dort
ankam, anstellte.

The visitor sat and listened to her retreating feet. 18.1
Der Besucher blieb sitzen und lauschte ihren
zurückweichenden Füßen.

He glanced inquiringly at the window before he 18.2
removed his serviette,
Er warf einen fragenden Blick zum Fenster,

18.3 **and resumed his meal.**

bevor er seine Serviette abnahm und seine Mahlzeit fortsetzte.

18.4 **He took a mouthful, glanced suspiciously at the window, took another mouthful, then rose and, taking the serviette in his hand, walked across the room and pulled the blind down to the top of the white muslin that obscured the lower panes.**

Er nahm einen Bissen, schaute misstrauisch zum Fenster, nahm einen weiteren Bissen, stand auf, nahm die Serviette in die Hand, ging durch den Raum und zog die Jalousie bis zum oberen Rand des weißen Musselinstoffs herunter, der die unteren Scheiben verdeckte.

18.5 **This left the room in a twilight.**

Dadurch wurde der Raum in ein Zwielicht getaucht.

18.6 **This done,**

Nachdem er dies getan hatte,

18.7 **he returned with an easier air to the table and his meal.**

kehrte er mit ruhigerer Miene an den Tisch und zu seiner Mahlzeit zurück.

19.1 **"The poor soul's had an accident or an op'ration or somethin',"**

"Die arme Seele hatte einen Unfall oder eine Operation oder so etwa',"

19.2 **said Mrs. Hall.**

sagte Mrs. Hall.

19.3 **"What a turn them bandages did give me, to be sure!"**

"Die Verbände haben mir ganz schön zugesetzt!"

She put on some more coal, unfolded the clothes-horse, and extended the traveller's coat upon this.   20.1

Sie legte noch etwas Kohle nach, klappte den Wäscheständer auf und streckte den Reisemantel darüber.

"And they goggles!   20.2

"Und die Schutzbrille!

Why, he looked more like a divin' helmet than a human man!"   20.3

Der sah ja eher aus wie ein Götterhelm als ein Mensch!"

She hung his muffler on a corner of the horse.   20.4

Sie hängte seinen Muff an eine Ecke des Pferdes.

"And holding that handkerchief over his mouth all the time.   20.5

"Und er hielt sich die ganze Zeit das Taschentuch vor den Mund.

Talkin' through it! ...Perhaps his mouth was hurt too —   20.6

Er sprach hindurch! ...Vielleicht war sein Mund auch verletzt —

maybe."   20.7

vielleicht."

She turned round, as one who suddenly remembers.   21.1

Sie drehte sich um, wie jemand, der sich plötzlich erinnert.

"Bless my soul alive!" she said, going off at a tangent;   21.2

"Meine Güte!" sagte sie und kam vom Thema ab;

"ain't you done them taters yet, Millie?"   21.3

"hast du die Kartoffeln noch nicht fertig, Millie?"

22.1 When Mrs. Hall went to clear away the stranger's lunch, her idea that his mouth must also have been cut or disfigured in the accident she supposed him to have suffered, was confirmed, for he was smoking a pipe, and all the time that she was in the room he never loosened the silk muffler he had wrapped round the lower part of his face to put the mouthpiece to his lips.

Als Frau Hall ging, um das Mittagessen des Fremden abzuräumen, bestätigte sich ihre Vermutung, dass auch sein Mund bei dem Unfall, den sie vermutete, verletzt oder entstellt worden sein musste, denn er rauchte eine Pfeife, und während der ganzen Zeit, in der sie im Zimmer war, hatte er den Seidenmuff, den er sich um den unteren Teil seines Gesichts gewickelt hatte, nicht gelockert, um das Mundstück an die Lippen zu führen.

22.2 Yet it was not forgetfulness, for she saw he glanced at it as it smouldered out.

Doch es war keine Vergesslichkeit, denn sie sah, dass er einen Blick darauf warf, als es ausglühte.

22.3 He sat in the corner with his back to the window-blind and spoke now, having eaten and drunk and being comfortably warmed through, with less aggressive brevity than before.

Er saß in der Ecke mit dem Rücken zum Fenster und sprach jetzt, nachdem er gegessen und getrunken hatte und angenehm aufgewärmt war, mit weniger aggressiver Kürze als zuvor.

22.4 The reflection of the fire lent a kind of red animation to his big spectacles they had lacked hitherto.

Der Widerschein des Feuers verlieh seiner großen Brille eine Art von roter Lebendigkeit, die ihr bisher gefehlt hatte.

"I have some luggage," he said, "at Bramblehurst   23.1
station," and he asked her how he could have it sent.
"Ich habe Gepäck", sagte er, "am Bahnhof von
Bramblehurst", und er fragte sie, wie er es schicken lassen
könne.

He bowed his bandaged head quite politely in   23.2
acknowledgment of her explanation.
Er neigte höflich seinen bandagierten Kopf, um ihre
Erklärung zu quittieren.

"To-morrow?" he said. "There is no speedier   23.3
delivery?"
"Morgen?" fragte er. " Gibt es keine schnellere Lieferung?"

and seemed quite disappointed when she answered,   23.4
und schien ziemlich enttäuscht zu sein, als sie antwortete,

"No." Was she quite sure?   23.5
"Nein." War sie sich ganz sicher?

No man with a trap who would go over?   23.6
Kein Mann mit einer Falle, der vorbeikommen würde?

Mrs. Hall, nothing loath, answered his questions and   24.1
developed a conversation.
Mrs. Hall, der nichts zuwider war, beantwortete seine
Fragen und entwickelte ein Gespräch.

"It's a steep road by the down, sir,"   24.2
"Es ist eine steile Straße am Abhang, Sir,"

she said in answer to the question about a trap; and   24.3
then, snatching at an opening, said,
antwortete sie auf die Frage nach einer Falle, und dann,
eine Lücke ausnutzend, sagte sie:

24.4 "It was there a carriage was upsettled, a year ago and more.
"Dort ist vor über einem Jahr eine Kutsche umgekippt.

24.5 A gentleman killed, besides his coachman.
Ein Herr und sein Kutscher wurden getötet.

24.6 Accidents, sir, happen in a moment, don't they?"
Unfälle, Sir, passieren schnell, nicht wahr?"

25.1 But the visitor was not to be drawn so easily.
Aber der Besucher ließ sich nicht so leicht ablenken.

25.2 "They do,"
"Das tun sie,"

25.3 he said through his muffler, eyeing her quietly through his impenetrable glasses.
sagte er durch seinen Schalldämpfer und musterte sie ruhig durch seine undurchdringliche Brille.

26.1 "But they take long enough to get well, don't they? ...
"Aber sie brauchen lange genug, um gesund zu werden, nicht wahr? ...

26.2 There was my sister's son, Tom, jest cut his arm with a scythe, tumbled on it in the 'ayfield, and, bless me!
Der Sohn meiner Schwester, Tom, hat sich gerade mit einer Sense in den Arm geschnitten, ist auf dem Feld gestürzt!

26.3 he was three months tied up sir. You'd hardly believe it.
und war drei Monate gefesselt. Sie werden es kaum glauben.

It's regular given me a dread of a scythe, sir."   26.4

Seitdem habe ich regelmäßig Angst vor der Sense, Sir."

"I can quite understand that," said the visitor.   27.1

"Das kann ich gut verstehen," sagte der Besucher.

"He was afraid, one time, that he'd have to have an   28.1
op'ration -

"Einmal hatte er Angst, dass er operiert werden muss -

he was that bad, sir."   28.2

so schlimm war es, Sir."

The visitor laughed abruptly, a bark of a laugh that he   29.1
seemed to bite and kill in his mouth.

Der Besucher lachte abrupt, ein bellendes Lachen, das er im
Mund zu verschlucken schien.

"Was he?" he said.   29.2

"War er das?" fragte er.

"He was, sir.   30.1

"Das war er, Sir.

And no laughing matter to them as had the doing for   30.2
him, as I had -

Und es war nicht zum Lachen für die, die sich um ihn
kümmern mussten, so wie ich -

my sister being took up with her little ones so much.   30.3

meine Schwester war so sehr mit ihren Kleinen beschäftigt.

There was bandages to do, sir, and bandages to undo.   30.4

Es gab Verbände zu machen, Sir, und Verbände zu lösen.

30.5 So that if I may make so bold as to say it, sir -"

So dass, wenn ich so kühn sein darf, es zu sagen, Sir -"

31.1 "Will you get me some matches?"

"Würden Sie mir Streichhölzer holen?"

31.2 said the visitor, quite abruptly.

sagte der Besucher ganz unvermittelt.

31.3 "My pipe is out."

"Meine Pfeife ist aus."

32.1 Mrs. Hall was pulled up suddenly.

Mrs. Hall wurde plötzlich hochgezogen.

32.2 It was certainly rude of him, after telling him all she had done.

Das war gewiss unhöflich von ihm, nachdem sie ihm alles erzählt hatte, was sie getan hatte.

32.3 She gasped at him for a moment, and remembered the two sovereigns.

Sie starrte ihn einen Moment lang an und erinnerte sich an die zwei Sovereigns.

32.4 She went for the matches.

Sie griff nach den Streichhölzern.

33.1 "Thanks,"

"Danke,"

33.2 he said concisely, as she put them down, and turned his shoulder upon her and stared out of the window again.

sagte er knapp, als sie sie absetzte, drehte sich zu ihr um und starrte wieder aus dem Fenster.

It was altogether too discouraging. 33.3

Es war alles zu entmutigend.

Evidently he was sensitive on the topic of operations 33.4
and bandages.

Offensichtlich war er empfindlich, was das Thema
Operationen und Verbände betraf.

She did not "make so bold as to say," however, after 33.5
all.

Sie hatte sich aber schließlich nicht "getraut".

But his snubbing way had irritated her, 33.6

Aber seine brüskierende Art hatte sie irritiert,

and Millie had a hot time of it that afternoon. 33.7

und Millie hatte an diesem Nachmittag einen Heidenspaß.

The visitor remained in the parlour until four o'clock, 34.1

Der Besucher blieb bis vier Uhr in der Stube,

without giving the ghost of an excuse for an 34.2
intrusion.

ohne auch nur den Hauch einer Entschuldigung für sein
Eindringen zu geben.

For the most part he was quite still during that time; 34.3

Die meiste Zeit war er ganz still;

it would seem he sat in the growing darkness 34.4
smoking in the firelight -

es scheint, als säße er in der zunehmenden Dunkelheit
rauchend im Schein des Feuers -

perhaps dozing. 34.5

vielleicht auch dösend.

35.1 Once or twice a curious listener might have heard him at the coals, and for the space of five minutes he was audible pacing the room.

Ein oder zwei Mal konnte ein neugieriger Zuhörer ihn bei den Kohlen hören, und fünf Minuten lang war er zu hören, wie er durch den Raum ging.

35.2 He seemed to be talking to himself.

Er schien mit sich selbst zu reden.

35.3 Then the armchair creaked as he sat down again.

Dann knarrte der Sessel, als er sich wieder hinsetzte.

CHAPTER II. MR. TEDDY HENFREY'S FIRST IMPRESSIONS

KAPITEL II. MR. TEDDY HENFREY'S ERSTE EINDRÜCKE

1.1 At four o'clock, when it was fairly dark and Mrs. Hall was screwing up her courage to go in and ask her visitor if he would take some tea, Teddy Henfrey, the clock-jobber, came into the bar.

Um vier Uhr, als es schon ziemlich dunkel war und Mrs. Hall ihren Mut zusammennahm, um hineinzugehen und ihren Besucher zu fragen, ob er etwas Tee trinken wolle, kam Teddy Henfrey, der Uhrmacher, in die Bar.

1.2 "My sakes! Mrs. Hall," said he,

"Meine Güte! Mrs. Hall," sagte er,

1.3 "but this is terrible weather for thin boots!"

"das ist aber ein schreckliches Wetter für dünne Stiefel!"

1.4 The snow outside was falling faster.

Der Schnee draußen fiel immer schneller.

Mrs. Hall agreed, 2.1

Frau Hall stimmte zu und bemerkte dann,

and then noticed he had his bag with him. 2.2

dass er seine Tasche bei sich hatte.

"Now you're here, Mr. Teddy," said she, "I'd be glad if 2.3
you'd give th' old clock in the parlour a bit of a look.

"Jetzt, wo Sie hier sind, Mr. Teddy," sagte sie, "würde ich
mich freuen, wenn Sie einen Blick auf die alte Uhr in der
Stube werfen könnten.

'Tis going, and it strikes well and hearty; but the 2.4
hour-hand won't do nuthin' but point at six."

Sie geht, und sie schlägt gut und kräftig, aber der
Stundenzeiger zeigt nur auf sechs."

And leading the way, she went across to the parlour 3.1
door and rapped and entered.

Sie ging voran, ging zur Tür der Stube, klopfte und trat ein.

Her visitor, she saw as she opened the door, was 4.1
seated in the armchair before the fire, dozing it would
seem, with his bandaged head drooping on one side.

Ihr Besucher, so sah sie, als sie die Tür öffnete, saß im
Sessel vor dem Feuer und döste, wie es schien, mit seinem
bandagierten Kopf, der auf eine Seite herabhing.

4.2   The only light in the room was the red glow from the
fire — which lit his eyes like adverse railway signals,
but left his downcast face in darkness — and the
scanty vestiges of the day that came in through the
open door.

Das einzige Licht im Raum war der rote Schein des
Feuers, der seine Augen wie ungünstige Eisenbahnsignale
beleuchtete, aber sein niedergeschlagenes Gesicht im
Dunkeln ließ, und die spärlichen Reste des Tages, die durch
die offene Tür hereinkamen.

4.3   Everything was ruddy, shadowy, and indistinct to
her, the more so since she had just been lighting the
bar lamp, and her eyes were dazzled.

Alles war rötlich, schemenhaft und undeutlich für sie,
zumal sie gerade die Barlampe angezündet hatte und ihre
Augen geblendet waren.

4.4   But for a second it seemed to her that the man she
looked at had an enormous mouth wide open -

Aber eine Sekunde lang schien es ihr, als hätte der Mann,
den sie ansah, einen riesigen Mund weit aufgerissen -

4.5   a vast and incredible mouth that swallowed the
whole of the lower portion of his face.

einen riesigen und unglaublichen Mund, der den gesamten
unteren Teil seines Gesichts verschluckte.

4.6   It was the sensation of a moment:

Es war die Sensation eines Augenblicks:

4.7   the white-bound head, the monstrous goggle eyes,
and this huge yawn below it.

der weiße Kopf, die monströsen Glotzaugen und dieses
riesige Gähnen darunter.

Then he stirred, started up in his chair, put up his hand.

4.8

Dann regte er sich, richtete sich in seinem Stuhl auf und hob die Hand.

She opened the door wide, so that the room was lighter, and she saw him more clearly, with the muffler held up to his face just as she had seen him hold the serviette before.

4.9

Sie öffnete die Tür weit, so dass der Raum heller wurde und sie ihn deutlicher sah, mit dem Muff vor dem Gesicht, so wie sie ihn zuvor die Serviette hatte halten sehen.

The shadows, she fancied, had tricked her.

4.10

Die Schatten, so glaubte sie, hatten sie getäuscht.

"Would you mind, sir, this man a-coming to look at the clock, sir?"

5.1

"Würde es Ihnen etwas ausmachen, Sir, wenn dieser Mann auf die Uhr schauen würde, Sir?"

she said, recovering from the momentary shock.

5.2

sagte sie, nachdem sie sich von dem kurzen Schock erholt hatte.

"Look at the clock?"

6.1

"Schauen Sie auf die Uhr?"

he said, staring round in a drowsy manner, and speaking over his hand, and then, getting more fully awake,

6.2

sagte er, während er sich schläfrig umsah und über seine Hand hinweg sprach, und dann, als er wieder wacher wurde,

"certainly."

6.3

"natürlich."

7.1 **Mrs. Hall went away to get a lamp, and he rose and stretched himself.**
Mrs. Hall ging weg, um eine Lampe zu holen, und er stand auf und streckte sich.

7.2 **Then came the light, and Mr. Teddy Henfrey, entering, was confronted by this bandaged person.**
Dann wurde es hell, und Mr. Teddy Henfrey, der hereinkam, sah sich mit dieser bandagierten Person konfrontiert.

7.3 **He was, he says, "taken aback."**
Er war, wie er sagt, "verblüfft."

8.1 **"Good afternoon," said the stranger, regarding him -**
"Guten Tag," sagte der Fremde und betrachtete ihn -

8.2 **as Mr. Henfrey says,**
wie Mr. Henfrey sagt,

8.3 **with a vivid sense of the dark spectacles -**
mit einem lebhaften Gefühl für die dunklen Brillengläser -

8.4 **"like a lobster."**
"wie einen Hummer."

9.1 **"I hope," said Mr. Henfrey,**
"Ich hoffe," sagte Mr. Henfrey,

9.2 **"that it's no intrusion."**
"dass es keine Einmischung ist."

10.1 **"None whatever," said the stranger. "Though, I understand,"**
"Keineswegs," sagte der Fremde. "Aber ich verstehe,"

he said turning to Mrs. Hall,   10.2
sagte er und wandte sich an Mrs. Hall,

"that this room is really to be mine for my own   10.3
private use."
"dass dieses Zimmer wirklich für meinen eigenen privaten
Gebrauch bestimmt ist."

"I thought, sir," said Mrs. Hall,   11.1
"Ich dachte, Sir," sagte Mrs. Hall,

"you'd prefer the clock — "   11.2
"Sie würden die Uhr vorziehen — "

"Certainly," said the stranger,   12.1
"Gewiss," sagte der Fremde,

"certainly — but, as a rule, I like to be alone and   12.2
undisturbed.
"gewiss, aber in der Regel bin ich gern allein und ungestört.

"But I'm really glad to have the clock seen to,"   13.1
"Aber ich bin wirklich froh, dass die Uhr in Ordnung ist,"

he said, seeing a certain hesitation in Mr. Henfrey's   13.2
manner.
sagte er und sah ein gewisses Zögern in Mr. Henfreys
Verhalten.

"Very glad."   13.3
"Sehr froh."

Mr. Henfrey had intended to apologise and   13.4
withdraw, but this anticipation reassured him.
Mr. Henfrey hatte vor, sich zu entschuldigen und sich
zurückzuziehen, aber diese Vorahnung beruhigte ihn.

13.5 The stranger turned round with his back to the fireplace and put his hands behind his back.

Der Fremde drehte sich mit dem Rücken zum Kamin um und verschränkte die Hände hinter dem Rücken.

13.6 "And presently," he said,

"Und jetzt," sagte er,

13.7 "when the clock-mending is over,

"wenn die Reparatur der Uhr beendet ist,

13.8 I think I should like to have some tea.

würde ich gerne etwas Tee trinken.

13.9 But not till the clock-mending is over."

Aber erst, wenn die Reparatur der Uhr beendet ist."

14.1 Mrs. Hall was about to leave the room -

Mrs. Hall wollte gerade den Raum verlassen -

14.2 she made no conversational advances this time,

diesmal machte sie keine Annäherungsversuche,

14.3 because she did not want to be snubbed in front of Mr. Henfrey -

weil sie nicht vor Mr. Henfrey brüskiert werden wollte -

14.4 when her visitor asked her if she had made any arrangements about his boxes at Bramblehurst.

als ihr Besucher sie fragte, ob sie irgendwelche Vorkehrungen wegen seiner Kisten in Bramblehurst getroffen habe.

14.5 She told him she had mentioned the matter to the postman,

Sie erzählte ihm,

and that the carrier could bring them over on the morrow.

14.6

dass sie die Angelegenheit dem Postboten gegenüber erwähnt habe und dass der Bote sie am nächsten Tag bringen könne.

"You are certain that is the earliest?"

14.7

"Sind Sie sicher, dass das der früheste Termin ist?"

he said.

14.8

fragte er.

She was certain, with a marked coldness.

15.1

Sie war sich sicher, mit einer ausgeprägten Kälte.

"I should explain," he added,

16.1

"Ich sollte erklären," fügte er hinzu,

"what I was really too cold and fatigued to do before,

16.2

"wozu ich vorher wirklich zu kalt und zu müde war,

that I am an experimental investigator."

16.3

dass ich ein experimenteller Forscher bin."

"Indeed, sir," said Mrs. Hall, much impressed.

17.1

"In der Tat, Sir," sagte Mrs. Hall sehr beeindruckt.

"And my baggage contains apparatus and appliances."

18.1

"Und mein Gepäck enthält Apparate und Geräte."

"Very useful things indeed they are, sir,"

19.1

"Das sind in der Tat sehr nützliche Dinge, Sir,"

19.2 **said Mrs. Hall.**
sagte Mrs. Hall.

20.1 **"And I'm very naturally anxious to get on with my
inquiries."**
"Und ich bin natürlich bestrebt, mit meinen
Nachforschungen fortzufahren."

21.1 **"Of course, sir."**
"Natürlich, Sir."

22.1 **"My reason for coming to Iping,"**
"Mein Grund, nach Iping zu kommen,"

22.2 **he proceeded, with a certain deliberation of manner,
"was ...**
fuhr er mit einer gewissen Überlegtheit fort, "war ...

22.3 **a desire for solitude.**
der Wunsch nach Einsamkeit.

22.4 **I do not wish to be disturbed in my work.**
Ich möchte bei meiner Arbeit nicht gestört werden.

22.5 **In addition to my work, an accident — "**
Zusätzlich zu meiner Arbeit hat ein Unfall — "

23.1 **"I thought as much," said Mrs. Hall to herself.**
"Das dachte ich mir," sagte Frau Hall zu sich selbst.

24.1 **"- necessitates a certain retirement. My eyes -**
"- macht einen gewissen Rückzug notwendig. Meine
Augen -

are sometimes so weak and painful that I have to shut myself up in the dark for hours together.

24.2

sind manchmal so schwach und schmerzhaft, dass ich mich stundenlang im Dunkeln einschließen muss.

Lock myself up. Sometimes - now and then.

24.3

Ich schließe mich ein. Manchmal - ab und zu.

Not at present, certainly.

24.4

Aber nicht im Augenblick, gewiss.

At such times the slightest disturbance, the entry of a stranger into the room, is a source of excruciating annoyance to me -

24.5

Zu solchen Zeiten ist die geringste Störung, das Eindringen eines Fremden in das Zimmer, eine Quelle unerträglichen Ärgers für mich -

it is well these things should be understood."

24.6

es ist gut, dass diese Dinge verstanden werden."

"Certainly, sir," said Mrs. Hall.

25.1

"Gewiss, Sir," sagte Mrs. Hall.

"And if I might make so bold as to ask — "

25.2

"Und wenn ich so kühn sein darf, zu fragen — "

"That I think, is all,"

26.1

"Das ist, glaube ich, alles,"

said the stranger,

26.2

sagte der Fremde mit jener unwiderstehlichen Endgültigkeit,

26.3 with that quietly irresistible air of finality he could
assume at will.

die er sich nach Belieben aneignen konnte.

26.4 Mrs. Hall reserved her question and sympathy for a
better occasion.

Mrs. Hall behielt sich ihre Frage und ihr Mitgefühl für eine
bessere Gelegenheit vor.

27.1 After Mrs. Hall had left the room, he remained
standing in front of the fire, glaring, so Mr. Henfrey
puts it, at the clock-mending.

Nachdem Mrs. Hall das Zimmer verlassen hatte, blieb
er vor dem Feuer stehen und starrte, wie Mr. Henfrey es
ausdrückt, auf die Reparatur der Uhr.

27.2 Mr. Henfrey not only took off the hands of the clock,
and the face, but extracted the works; and he tried to
work in as slow and quiet and unassuming a manner
as possible.

Mr. Henfrey nahm nicht nur die Zeiger der Uhr und das
Zifferblatt ab, sondern zog auch das Werk heraus, und er
versuchte, so langsam, ruhig und bescheiden wie möglich
zu arbeiten.

27.3 He worked with the lamp close to him, and the green
shade threw a brilliant light upon his hands, and
upon the frame and wheels, and left the rest of the
room shadowy.

Er arbeitete mit der Lampe in seiner Nähe, und der grüne
Schatten warf ein helles Licht auf seine Hände, das Gestell
und die Räder, während der Rest des Raumes im Schatten
lag.

When he looked up, coloured patches swam in his eyes. 27.4

Wenn er aufblickte, schwammen farbige Flecken in seinen Augen.

Being constitutionally of a curious nature, 27.5

Da er von Natur aus neugierig war,

he had removed the works - a quite unnecessary proceeding - 27.6

hatte er die Werke entfernt - ein völlig unnötiger Vorgang -

with the idea of delaying his departure and perhaps falling into conversation with the stranger. 27.7

um seine Abreise zu verzögern und vielleicht mit dem Fremden ins Gespräch zu kommen.

But the stranger stood there, perfectly silent and still. 27.8

Aber der Fremde stand da, vollkommen still und ruhig.

So still, it got on Henfrey's nerves. 27.9

So still, dass es Henfrey auf die Nerven ging.

He felt alone in the room and looked up, and there, grey and dim, was the bandaged head and huge blue lenses staring fixedly, with a mist of green spots drifting in front of them. 27.10

Er fühlte sich allein im Raum und blickte auf, und da, grau und düster, waren der bandagierte Kopf und die riesigen blauen Linsen, die starr vor sich hin starrten, mit einem Nebel aus grünen Flecken, der vor ihnen herschwebte.

It was so uncanny to Henfrey that for a minute they remained staring blankly at one another. 27.11

Es war Henfrey so unheimlich, dass sie sich eine Minute lang ausdruckslos anstarrten.

27.12 **Then Henfrey looked down again.**

Dann blickte Henfrey wieder nach unten.

27.13 **Very uncomfortable position! One would like to say
something.**

Eine sehr unbequeme Position! Man würde gerne etwas
sagen.

27.14 **Should he remark that the weather was very cold for
the time of year?**

Sollte er anmerken, dass das Wetter für diese Jahreszeit
sehr kalt war?

28.1 **He looked up as if to take aim with that introductory
shot.**

Er blickte auf, als wolle er mit diesem ersten Schuss das Ziel
treffen.

28.2 **"The weather — " he began.**

"Das Wetter — ," begann er.

29.1 **"Why don't you finish and go?"**

"Warum machst du es nicht fertig und gehst?"

29.2 **said the rigid figure,**

sagte die starre Gestalt,

29.3 **evidently in a state of painfully suppressed rage.**

offensichtlich in einem Zustand schmerzhaft
unterdrückter Wut.

29.4 **"All you've got to do is to fix the hour-hand on its
axle.**

"Sie müssen nur noch den Stundenzeiger auf seiner Achse
fixieren.

You're simply humbugging — "

29.5

Das ist doch Humbug — "

"Certainly, sir - one minute more. I overlooked — "

30.1

"Gewiss, Sir - noch eine Minute. Ich habe übersehen — "

and Mr. Henfrey finished and went.

30.2

und Mr. Henfrey beendete das Gespräch und ging.

But he went feeling excessively annoyed.

31.1

Aber er ging mit dem Gefühl, sich zu sehr zu ärgern.

"Damn it!"

31.2

"Verdammt!"

said Mr. Henfrey to himself, trudging down the village through the thawing snow;

31.3

sagte Mr. Henfrey zu sich selbst, als er durch den tauenden Schnee ins Dorf stapfte,

"a man must do a clock at times, surely."

31.4

"ein Mann muss doch auch mal eine Uhr machen."

And again, "Can't a man look at you? — Ugly!"

32.1

Und wieder: "Kann ein Mann dich nicht ansehen? — Eklig!"

And yet again, "Seemingly not.

33.1

Und noch einmal: "Scheinbar nicht.

If the police was wanting you you couldn't be more wropped and bandaged. "

33.2

Wenn die Polizei dich sucht, könntest du nicht besser gekleidet und bandagiert sein. "

34.1 At Gleeson's corner he saw Hall,

An Gleesons Ecke sah er Hall,

34.2 who had recently married the stranger's
hostess at the

der vor kurzem die Gastgeberin des Fremden im

34.3 "Coach and Horses,"

"Coach and Horses"

34.4 and who now drove the Iping conveyance, when
occasional people required it, to Sidderbridge
Junction, coming towards him on his return from
that place.

geheiratet hatte und nun den Iping-Wagen bei Bedarf nach
Sidderbridge Junction fuhr, auf dem Rückweg von dort auf
ihn zukommen.

34.5 Hall had evidently been "stopping a bit"

Hall hatte offensichtlich in Sidderbridge einen
"Zwischenstopp"

34.6 at Sidderbridge, to judge by his driving. "'Ow do,

eingelegt, dem Fahrstil nach zu urteilen. "Wie geht's,

34.7 Teddy?" he said, passing.

Teddy?" sagte er im Vorbeigehen.

35.1 "You got a rum un up home!" said Teddy.

"Du hast einen Rum zu Hause!" sagte Teddy.

36.1 Hall very sociably pulled up. "What's that?" he asked.

Hall hielt sehr gesellig an. "Was ist das?" fragte er.

"Rum-looking customer stopping at the 'Coach and Horses,'" said Teddy.   37.1

"Ein Rum suchender Kunde, der im 'Coach and Horses' hält," sagte Teddy.

"My sakes!"   37.2

"Ach du meine Güte!"

And he proceeded to give Hall a vivid description of his grotesque guest.   38.1

Und er fuhr fort, Hall eine lebhafte Beschreibung seines grotesken Gastes zu geben.

"Looks a bit like a disguise, don't it?   38.2

"Sieht ein bisschen wie eine Verkleidung aus, nicht wahr?

I'd like to see a man's face if I had him stopping in my place,"   38.3

Ich würde gerne das Gesicht eines Mannes sehen, wenn er an meiner Stelle anhalten würde,"

said Henfrey.   38.4

sagte Henfrey.

"But women are that trustful — where strangers are concerned.   38.5

"Aber Frauen sind so vertrauensvoll, wenn es um Fremde geht.

He's took your rooms and he ain't even given a name,   38.6

Er hat deine Zimmer genommen und nicht einmal einen Namen genannt,

Hall."   38.7

Hall."

39.1 "You don't say so!" said Hall,
"Was du nicht sagst!" sagte Hall,

39.2 who was a man of sluggish apprehension.
der ein Mann von träger Besorgnis war.

40.1 "Yes," said Teddy. "By the week.
"Ja," sagte Teddy. "Im Laufe der Woche.

40.2 Whatever he is,
Was auch immer er ist,

40.3 you can't get rid of him under the week.
unter der Woche wird man ihn nicht mehr los.

40.4 And he's got a lot of luggage coming to-morrow, so he
says.
Und er sagt, dass er morgen eine Menge Gepäck mitbringt.

40.5 Let's hope it won't be stones in boxes, Hall."
Hoffen wir, dass es keine Steine in Kisten sind, Hall."

41.1 He told Hall how his aunt at Hastings had been
swindled by a stranger with empty portmanteaux.
Er erzählte Hall, wie seine Tante in Hastings von einem
Fremden mit leeren Portmanteaux betrogen worden war.

41.2 Altogether he left Hall vaguely suspicious.
Alles in allem hinterließ er bei Hall einen vagen Verdacht.

41.3 "Get up, old girl," said Hall.
"Steh auf, altes Mädchen," sagte Hall.

41.4 "I s'pose I must see 'bout this."
"Ich glaube, ich muss mich darum kümmern."

Teddy trudged on his way with his mind considerably relieved.

42.1

Teddy stapfte mit deutlich erleichtertem Gemüt weiter.

Instead of "seeing 'bout it," however, Hall on his return was severely rated by his wife on the length of time he had spent in Sidderbridge, and his mild inquiries were answered snappishly and in a manner not to the point.

43.1

Anstatt sich um die Sache zu kümmern, wurde Hall bei seiner Rückkehr von seiner Frau streng nach der Dauer seines Aufenthalts in Sidderbridge beurteilt, und seine milden Fragen wurden schnippisch und nicht gerade sachlich beantwortet.

But the seed of suspicion Teddy had sown germinated in the mind of Mr. Hall in spite of these discouragements.

43.2

Aber die Saat des Misstrauens, die Teddy gesät hatte, keimte trotz dieser Entmutigungen in Mr. Halls Kopf.

"You wim' don't know everything," said Mr. Hall, resolved to ascertain more about the personality of his guest at the earliest possible opportunity.

43.3

"Sie wissen nicht alles," sagte Mr. Hall und war entschlossen, bei nächster Gelegenheit mehr über die Persönlichkeit seines Gastes herauszufinden.

43.4 And after the stranger had gone to bed, which
he did about half-past nine, Mr. Hall went very
aggressively into the parlour and looked very hard
at his wife's furniture, just to show that the stranger
wasn't master there, and scrutinised closely and
a little contemptuously a sheet of mathematical
computations the stranger had left.

Und nachdem der Fremde zu Bett gegangen war, was er
gegen halb zehn tat, ging Herr Hall sehr aggressiv in die
Stube und schaute sich die Möbel seiner Frau genau an,
nur um zu zeigen, dass der Fremde dort nicht zu Hause
war, und untersuchte genau und ein wenig verächtlich ein
Blatt mit mathematischen Berechnungen, das der Fremde
hinterlassen hatte.

43.5 When retiring for the night he instructed Mrs. Hall
to look very closely at the stranger's luggage when it
came next day.

Als er sich zur Nachtruhe begab, wies er Frau Hall an, sich
das Gepäck des Fremden genau anzusehen, wenn es am
nächsten Tag eintreffen würde.

44.1 "You mind your own business, Hall,"

"Kümmern Sie sich um Ihre eigenen Angelegenheiten,
Hall,"

44.2 said Mrs. Hall, "and I'll mind mine."

sagte Mrs. Hall, "und ich kümmere mich um meine."

45.1 She was all the more inclined to snap at Hall because
the stranger was undoubtedly an unusually strange
sort of stranger, and she was by no means assured
about him in her own mind.

Sie war umso mehr geneigt, Hall anzuschnauzen, als der
Fremde zweifellos eine ungewöhnlich seltsame Sorte von
Fremden war und sie sich seiner selbst keineswegs sicher
war.

In the middle of the night she woke up dreaming of 45.2
huge white heads like turnips, that came trailing
after her, at the end of interminable necks, and with
vast black eyes.

Mitten in der Nacht wachte sie auf und träumte von
riesigen weißen Köpfen, die wie Rüben aussahen und
an langen Hälsen und mit riesigen schwarzen Augen hinter
ihr herliefen.

But being a sensible woman, she subdued her terrors 45.3
and turned over and went to sleep again.

Aber da sie eine vernünftige Frau war, unterdrückte sie
ihre Ängste, drehte sich um und schlief wieder ein.

CHAPTER III. THE THOUSAND AND ONE BOTTLES

KAPITEL III. DIE TAUSENDUNDEINE FLASCHE

1.1 **So it was that on the twenty-ninth day of February, at the beginning of the thaw, this singular person fell out of infinity into Iping village.**

So kam es, dass am neunundzwanzigsten Februar, zu Beginn des Tauwetters, diese eigenartige Person aus der Unendlichkeit in das Dorf Iping fiel.

1.2 **Next day his luggage arrived through the slush -**

Am nächsten Tag kam sein Gepäck durch den Schneematsch -

1.3 **and very remarkable luggage it was.**

und es war ein sehr bemerkenswertes Gepäck.

There were a couple of trunks indeed, such as a   1.4
rational man might need, but in addition there were
a box of books — big, fat books, of which some were
just in an incomprehensible handwriting — and a
dozen or more crates, boxes, and cases, containing
objects packed in straw, as it seemed to Hall, tugging
with a casual curiosity at the straw — glass bottles.

Es waren in der Tat ein paar Kisten, wie sie ein
vernünftiger Mensch braucht, aber dazu kamen eine
Kiste mit Büchern - große, dicke Bücher, von denen einige
nur in einer unverständlichen Handschrift geschrieben
waren - und ein Dutzend oder mehr Kisten, Kästen und
Kistchen, die in Stroh verpackte Gegenstände enthielten,
wie es Hall schien, der mit beiläufiger Neugierde an den
Strohglasflaschen zerrte.

The stranger, muffled in hat, coat, gloves, and   1.5
wrapper, came out impatiently to meet Fearenside's
cart, while Hall was having a word or so of gossip
preparatory to helping bring them in.

Der Fremde, der mit Hut, Mantel, Handschuhen und
Umhang bekleidet war, kam ungeduldig heraus, um
Fearensides Wagen entgegenzukommen, während Hall
ein paar Worte mit ihm wechselte, um ihm zu helfen, sie
hereinzubringen.

Out he came, not noticing Fearenside's dog, who was   1.6
sniffing in a dilettante spirit at Hall's legs.

Er kam heraus und bemerkte nicht Fearensides Hund, der
dilettantisch an Halls Beinen schnüffelte.

"Come along with those boxes," he said.   1.7

"Kommen Sie mit den Kisten," sagte er.

"I've been waiting long enough."   1.8

"Ich habe lange genug gewartet."

2.1 And he came down the steps towards the tail of the cart as if to lay hands on the smaller crate.

Und er kam die Stufen zum Heck des Wagens hinunter, als wolle er die kleinere Kiste in die Hand nehmen.

3.1 No sooner had Fearenside's dog caught sight of him, however, than it began to bristle and growl savagely, and when he rushed down the steps it gave an undecided hop, and then sprang straight at his hand.

Kaum hatte Fearensides Hund ihn jedoch erblickt, begann er wild zu knurren und zu knurren, und als er die Treppe hinunterlief, machte er einen unentschlossenen Sprung und sprang dann direkt auf seine Hand zu.

3.2 "Whup!"

"Wau!"

3.3 cried Hall, jumping back, for he was no hero with dogs, and Fearenside howled:

rief Hall und sprang zurück, denn er war kein Held im Umgang mit Hunden, und Fearenside brüllte:

3.4 "Lie down!" and snatched his whip.

"Leg dich hin!" und schnappte sich seine Peitsche.

4.1 They saw the dog's teeth had slipped the hand, heard a kick, saw the dog execute a flanking jump and get home on the stranger's leg, and heard the rip of his trousering.

Sie sahen, dass die Zähne des Hundes der Hand entglitten waren, hörten einen Tritt, sahen, wie der Hund einen Flankensprung ausführte und auf dem Bein des Fremden landete, und hörten das Reißen seines Hosenstoffes.

Then the finer end of Fearenside's whip reached his property, and the dog, yelping with dismay, retreated under the wheels of the waggon.

4.2

Dann erreichte das feinere Ende von Fearensides Peitsche sein Eigentum, und der Hund zog sich kläffend vor Schreck unter die Räder des Wagens zurück.

It was all the business of a swift half-minute.

4.3

Das alles geschah in einer schnellen halben Minute.

No one spoke, everyone shouted.

4.4

Keiner sprach, alle schrien.

The stranger glanced swiftly at his torn glove and at his leg, made as if he would stoop to the latter, then turned and rushed swiftly up the steps into the inn.

4.5

Der Fremde warf einen schnellen Blick auf seinen zerrissenen Handschuh und auf sein Bein, tat so, als wolle er sich zu letzterem beugen, drehte sich um und eilte schnell die Treppe hinauf in die Gaststätte.

They heard him go headlong across the passage and up the uncarpeted stairs to his bedroom.

4.6

Sie hörten, wie er kopfüber den Gang überquerte und die unbedeckte Treppe zu seinem Schlafzimmer hinaufging.

"You brute, you!"

5.1

"Du Rüpel, du!"

said Fearenside, climbing off the waggon with his whip in his hand, while the dog watched him through the wheel.

5.2

sagte Fearenside und kletterte mit der Peitsche in der Hand vom Wagen, während der Hund ihn durch das Rad beobachtete.

5.3 "Come here," said Fearenside — "You'd better."
"Komm her," sagte Fearenside, "das machst du besser."

6.1 Hall had stood gaping. "He wuz bit,"
Hall war stumm stehen geblieben. "Er wurde gebissen,"

6.2 said Hall. "I'd better go and see to en,"
sagte Hall. "Ich gehe besser nachsehen,"

6.3 and he trotted after the stranger.
und er trottete dem Fremden hinterher.

6.4 He met Mrs. Hall in the passage. "Carrier's darg,"
Auf dem Gang traf er Mrs. Hall. "Carrier's darg,"

6.5 he said "bit en."
sagte er, "bit en."

7.1 He went straight upstairs, and the stranger's door being ajar, he pushed it open and was entering without any ceremony, being of a naturally sympathetic turn of mind.
Er ging sofort die Treppe hinauf, und da die Tür des Fremden offen stand, stieß er sie auf und trat ohne jede Zeremonie ein, denn er war von Natur aus mitfühlend.

8.1 The blind was down and the room dim.
Die Jalousie war heruntergelassen und das Zimmer war dunkel.

He caught a glimpse of a most singular thing, what seemed a handless arm waving towards him, and a face of three huge indeterminate spots on white, very like the face of a pale pansy.

8.2

Er erhaschte einen Blick auf ein höchst eigenartiges Ding, etwas, das wie ein handloser Arm aussah, der ihm zuwinkte, und ein Gesicht mit drei riesigen, unbestimmten Flecken auf weißem Grund, ganz ähnlich dem Gesicht eines blassen Stiefmütterchens.

Then he was struck violently in the chest, hurled back, and the door slammed in his face and locked.

8.3

Dann erhielt er einen heftigen Schlag gegen die Brust, wurde zurückgeschleudert, und die Tür wurde ihm vor der Nase zugeschlagen und verschlossen.

It was so rapid that it gave him no time to observe.

8.4

Es ging so schnell, dass er keine Zeit hatte, sich umzusehen.

A waving of indecipherable shapes, a blow, and a concussion.

8.5

Ein Flackern undurchschaubarer Formen, ein Schlag und ein Aufprall.

There he stood on the dark little landing,

8.6

Da stand er nun auf dem dunklen Treppenabsatz und fragte sich,

wondering what it might be that he had seen.

8.7

was er wohl gesehen hatte.

A couple of minutes after,

9.1

Nach ein paar Minuten gesellte er sich wieder zu der kleinen Gruppe,

9.2   he rejoined the little group that had formed outside the "Coach and Horses."

die sich vor dem "Coach and Horses" gebildet hatte."

9.3   There was Fearenside telling about it all over again for the second time;

Da war Fearenside, der das Ganze zum zweiten Mal erzählte;

9.4   there was Mrs. Hall saying his dog didn't have no business to bite her guests;

da war Mrs. Hall, die sagte, sein Hund habe nicht das Recht, ihre Gäste zu beißen;

9.5   there was Huxter, the general dealer from over the road, interrogative;

da war Huxter, der Gemischtwarenhändler von der anderen Straßenseite, fragend;

9.6   and Sandy Wadgers from the forge, judicial;

und Sandy Wadgers von der Schmiede, richterlich;

9.7   besides women and children, all of them saying fatuities:

außerdem Frauen und Kinder, die alle Unwahrheiten sagten:

9.8   "Wouldn't let en bite me, I knows";

"Ich weiß, dass er mich nicht beißen würde";

9.9   "'Tasn't right have such dargs";

"Es ist nicht richtig, dass es solche Kerle gibt";

9.10   "Whad 'e bite 'n for, then?" and so forth.

"Warum hat er sie dann gebissen?" und so weiter.

Mr. Hall, staring at them from the steps and listening, found it incredible that he had seen anything so very remarkable happen upstairs. 10.1

Mr. Hall, der sie von der Treppe aus beobachtete und zuhörte, fand es unglaublich, dass er oben etwas so Bemerkenswertes hatte geschehen sehen.

Besides, 10.2

Außerdem war sein Wortschatz viel zu begrenzt,

his vocabulary was altogether too limited to express his impressions. 10.3

um seine Eindrücke auszudrücken.

"He don't want no help, he says," 11.1

"Er will keine Hilfe, sagt er,"

he said in answer to his wife's inquiry. 11.2

antwortete er auf die Frage seiner Frau.

"We'd better be a-takin' of his luggage in." 11.3

"Wir sollten lieber sein Gepäck reinholen."

"He ought to have it cauterised at once," said Mr. Huxter; 12.1

"Er sollte es sofort ausbrennen lassen," sagte Mr. Huxter,

"especially if it's at all inflamed." 12.2

"vor allem, wenn es sich entzündet hat."

"I'd shoot en, that's what I'd do," 13.1

"Ich würde schießen, das würde ich tun,"

said a lady in the group. 13.2

sagte eine Frau aus der Gruppe.

14.1 **Suddenly the dog began growling again.**
Plötzlich begann der Hund wieder zu knurren.

15.1 **"Come along,"**
"Kommen Sie,"

15.2 **cried an angry voice in the doorway, and there stood the muffled stranger with his collar turned up, and his hat-brim bent down.**
rief eine zornige Stimme in der Tür, und da stand der vermummte Fremde mit hochgeschlagenem Kragen und heruntergezogener Hutkrempe.

15.3 **"The sooner you get those things in the better I'll be pleased."**
"Je eher Sie die Sachen reinbringen, desto besser wird es mir gefallen."

15.4 **It is stated by an anonymous bystander that his trousers and gloves had been changed.**
Ein anonymer Passant berichtet, dass er seine Hosen und Handschuhe gewechselt hatte.

16.1 **"Was you hurt, sir?" said Fearenside.**
"Sind Sie verletzt, Sir?" fragte Fearenside.

16.2 **"I'm rare sorry the darg — "**
"Es tut mir sehr leid, dass der Darg — "

17.1 **"Not a bit," said the stranger.**
"Nicht ein bisschen," sagte der Fremde.

17.2 **"Never broke the skin. Hurry up with those things."**
"Ich habe die Haut nie verletzt. Beeilt euch mit den Dingern."

He then swore to himself, so Mr. Hall asserts.   18.1

Dann habe er sich selbst geschworen, so Herr Hall.

Directly the first crate was, in accordance with his   19.1
directions, carried into the parlour, the stranger
flung himself upon it with extraordinary eagerness,
and began to unpack it, scattering the straw with an
utter disregard of Mrs. Hall's carpet.

Kaum war die erste Kiste nach seinen Anweisungen in
die Stube getragen worden, stürzte sich der Fremde
mit außerordentlichem Eifer darauf und begann, sie
auszupacken, wobei er das Stroh ohne Rücksicht auf den
Teppich von Frau Hall verstreute.

And from it he began to produce bottles -   19.2

Daraus förderte er Flaschen zutage -

little fat bottles containing powders, small and   19.3
slender bottles containing coloured and white fluids,
fluted blue bottles labeled Poison, bottles with round
bodies and slender necks, large green-glass bottles,
large white-glass bottles, bottles with glass stoppers
and frosted labels, bottles with fine corks, bottles
with bungs, bottles with wooden caps, wine bottles,
salad-oil bottles -

kleine, dicke Flaschen mit Pulver, kleine, schlanke
Flaschen mit farbigen und weißen Flüssigkeiten, geriffelte
blaue Flaschen mit der Aufschrift Poison, Flaschen mit
rundem Körper und schlankem Hals, große Flaschen aus
grünem Glas, große Flaschen aus weißem Glas, Flaschen
mit Glasstopfen und mattierten Etiketten, Flaschen
mit feinen Korken, Flaschen mit Spund, Flaschen mit
Holzkappen, Weinflaschen, Salatölflaschen -

19.4 putting them in rows on the chiffonnier, on the mantel, on the table under the window, round the floor, on the bookshelf -

in Reihen auf dem Chiffonnier, auf dem Kaminsims, auf dem Tisch unter dem Fenster, auf dem Boden, auf dem Bücherregal -

19.5 everywhere.

überall.

19.6 The chemist's shop in Bramblehurst could not boast half so many.

Die Apotheke in Bramblehurst konnte nicht halb so viele vorweisen.

19.7 Quite a sight it was.

Es war ein toller Anblick.

19.8 Crate after crate yielded bottles,

Eine Kiste nach der anderen gab Flaschen her,

19.9 until all six were empty and the table high with straw;

bis alle sechs leer waren und der Tisch mit Stroh bedeckt war;

19.10 the only things that came out of these crates besides the bottles were a number of test-tubes and a carefully packed balance.

die einzigen Dinge, die außer den Flaschen aus den Kisten kamen, waren eine Reihe von Reagenzgläsern und eine sorgfältig verpackte Waage.

And directly the crates were unpacked, the stranger went to the window and set to work, not troubling in the least about the litter of straw, the fire which had gone out, the box of books outside, nor for the trunks and other luggage that had gone upstairs.

20.1

Und kaum waren die Kisten ausgepackt, ging der Fremde zum Fenster und machte sich an die Arbeit, ohne sich im Geringsten um den Strohhaufen, das erloschene Feuer, die Bücherkiste draußen oder um die Kisten und das andere Gepäck zu kümmern, das nach oben gegangen war.

When Mrs. Hall took his dinner in to him, he was already so absorbed in his work, pouring little drops out of the bottles into test-tubes, that he did not hear her until she had swept away the bulk of the straw and put the tray on the table, with some little emphasis perhaps, seeing the state that the floor was in.

21.1

Als Frau Hall ihm sein Abendessen brachte, war er bereits so sehr in seine Arbeit vertieft und schüttete kleine Tropfen aus den Flaschen in Reagenzgläser, dass er sie erst hörte, als sie den Großteil des Strohs weggefegt und das Tablett auf den Tisch gestellt hatte, vielleicht mit etwas Nachdruck, wenn man den Zustand des Bodens betrachtet.

Then he half turned his head and immediately turned it away again.

21.2

Dann wandte er den Kopf halb um und wandte ihn gleich wieder ab.

But she saw he had removed his glasses;

21.3

Aber sie sah, dass er seine Brille abgenommen hatte;

they were beside him on the table, and it seemed to her that his eye sockets were extraordinarily hollow.

21.4

sie lag neben ihm auf dem Tisch, und es schien ihr, dass seine Augenhöhlen außerordentlich hohl waren.

21.5 He put on his spectacles again,
Er setzte seine Brille wieder auf,

21.6 and then turned and faced her.
drehte sich um und sah sie an.

21.7 She was about to complain of the straw on the floor when he anticipated her.
Sie wollte sich gerade über das Stroh auf dem Boden beschweren, als er ihr zuvorkam.

22.1 "I wish you wouldn't come in without knocking,"
"Ich wünschte, du würdest nicht reinkommen, ohne anzuklopfen,"

22.2 he said in the tone of abnormal exasperation that seemed so characteristic of him.
sagte er in dem für ihn so typischen Tonfall abnormer Verärgerung.

23.1 "I knocked, but seemingly — "
"Ich habe geklopft, aber scheinbar — "

24.1 "Perhaps you did.
"Vielleicht haben Sie das.

24.2 But in my investigations — my really very urgent and necessary investigations — the slightest disturbance, the jar of a door — I must ask you — "
Aber bei meinen Nachforschungen - meinen wirklich sehr dringenden und notwendigen Nachforschungen - bei der geringsten Störung, dem Rütteln an einer Tür, muss ich Sie fragen ..."

25.1 "Certainly, sir.
"Gewiss, Sir.

You can turn the lock if you're like that, you know. 25.2
Sie können das Schloss drehen, wenn Sie so sind, wissen
Sie.

Any time." 25.3
Jederzeit."

"A very good idea," said the stranger. 26.1
"Eine sehr gute Idee," sagte der Fremde.

"This stror, sir, if I might make so bold as to 27.1
remark — "
"Dieser Stror, Sir, wenn ich so kühn sein darf, zu
bemerken — "

"Don't. 28.1
"Nein, nicht.

If the straw makes trouble put it down in the bill." 28.2
Wenn das Stroh Ärger macht, schreibe es in die Rechnung."

And he mumbled at her — words suspiciously like 28.3
curses.
Und er murmelte ihr Worte zu, die verdächtig nach
Flüchen klangen.

He was so odd, standing there, so aggressive and 29.1
explosive, bottle in one hand and test-tube in the
other, that Mrs. Hall was quite alarmed.
Er sah so seltsam aus, wie er da stand, so aggressiv und
explosiv, mit der Flasche in der einen und dem Reagenzglas
in der anderen Hand, dass Mrs. Hall ziemlich beunruhigt
war.

But she was a resolute woman. 29.2
Aber sie war eine entschlossene Frau.

29.3 "In which case, I should like to know, sir, what you consider — "

"In diesem Fall würde ich gerne wissen, Sir, was Sie denken — "

30.1 "A shilling - put down a shilling.

"Ein Schilling - legen Sie einen Schilling hin.

30.2 Surely a shilling's enough?"

Ein Schilling ist doch sicher genug?"

31.1 "So be it,"

"So sei es,"

31.2 said Mrs. Hall, taking up the table-cloth and beginning to spread it over the table.

sagte Frau Hall, nahm das Tischtuch und begann, es über den Tisch zu legen.

31.3 "If you're satisfied, of course — "

"Wenn Sie zufrieden sind, natürlich — "

32.1 He turned and sat down, with his coat-collar toward her.

Er drehte sich um und setzte sich mit dem Kragen seines Mantels zu ihr.

33.1 All the afternoon he worked with the door locked and, as Mrs. Hall testifies, for the most part in silence.

Den ganzen Nachmittag über arbeitete er bei verschlossener Tür und, wie Mrs. Hall bezeugt, größtenteils in aller Stille.

But once there was a concussion and a sound of bottles ringing together as though the table had been hit, and the smash of a bottle flung violently down, and then a rapid pacing athwart the room.   33.2

Aber einmal gab es einen Knall und ein Geräusch von klirrenden Flaschen, als ob der Tisch getroffen worden wäre, und das Zerschmettern einer Flasche, die gewaltsam heruntergeschleudert wurde, und dann ein schnelles Gehen quer durch den Raum.

Fearing "something was the matter,"   33.3

In der Befürchtung, "dass etwas nicht stimmt,"

she went to the door and listened, not caring to knock.   33.4

ging sie zur Tür und lauschte, ohne zu klopfen.

"I can't go on," he was raving.   34.1

"Ich kann nicht mehr," tobte er.

"I can't go on. Three hundred thousand,   34.2

"Ich kann nicht weitermachen. Dreihunderttausend,

four hundred thousand! The huge multitude! Cheated!   34.3

vierhunderttausend! Die große Schar! Betrogen!

All my life it may take me! ...Patience!   34.4

Mein ganzes Leben wird es mich kosten! ...Geduld!

Patience indeed! ...Fool! fool!"   34.5

Geduld, ja! ...Narr! Narr!"

There was a noise of hobnails on the bricks in the bar,   35.1

Es gab ein Geräusch von Hufnägeln auf den Ziegeln in der Bar,

35.2 **and Mrs. Hall had very reluctantly to leave the rest of his soliloquy.**

und Frau Hall musste den Rest seines Monologs widerwillig verlassen.

35.3 **When she returned the room was silent again, save for the faint crepitation of his chair and the occasional clink of a bottle.**

Als sie zurückkam, war es wieder still im Raum, bis auf das leise Knarren seines Stuhls und das gelegentliche Klirren einer Flasche.

35.4 **It was all over;**

Es war alles vorbei;

35.5 **the stranger had resumed work.**

der Fremde hatte seine Arbeit wieder aufgenommen.

36.1 **When she took in his tea she saw broken glass in the corner of the room under the concave mirror, and a golden stain that had been carelessly wiped.**

Als sie seinen Tee zu sich nahm, sah sie in der Zimmerecke unter dem Hohlspiegel zerbrochenes Glas und einen goldenen Fleck, der achtlos abgewischt worden war.

36.2 **She called attention to it.**

Sie machte ihn darauf aufmerksam.

37.1 **"Put it down in the bill," snapped her visitor.**

"Setzen Sie es auf die Rechnung," schnauzte ihr Besucher.

37.2 **"For God's sake don't worry me.**

"Um Himmels willen, machen Sie sich keine Sorgen.

37.3 **If there's damage done, put it down in the bill,"**

Wenn ein Schaden entstanden ist, tragen Sie ihn in die Rechnung ein," and he went on ticking a list in the exercise book before him. 37.4

und er fuhr fort, eine Liste in dem Heft vor ihm abzuhaken.

"I'll tell you something," said Fearenside, mysteriously. 38.1

"Ich werde dir etwas sagen," sagte Fearenside geheimnisvoll.

It was late in the afternoon, 38.2

Es war später Nachmittag,

and they were in the little beer-shop of Iping Hanger. 38.3

und sie befanden sich in der kleinen Bierstube von Iping Hanger.

"Well?" said Teddy Henfrey. 39.1

"Und?" sagte Teddy Henfrey.

"This chap you're speaking of, what my dog bit. 40.1

"Der Kerl, von dem du sprichst, den mein Hund gebissen hat.

Well — he's black. Leastways, his legs are. 40.2

Nun, er ist schwarz. Zumindest seine Beine sind es.

I seed through the tear of his trousers and the tear of his glove. 40.3

Ich habe durch den Riss in seiner Hose und den Riss in seinem Handschuh gesehen.

You'd have expected a sort of pinky to show, wouldn't you? 40.4

Man hätte erwartet, dass ein kleiner Finger zu sehen ist, oder?

40.5 Well - there wasn't none. Just blackness. I tell you,
Nun - da war nichts. Nur Schwärze. Ich sage Ihnen,

40.6 he's as black as my hat."
er ist so schwarz wie mein Hut."

41.1 "My sakes!" said Henfrey.
"Meine Güte!" sagte Henfrey.

41.2 "It's a rummy case altogether.
"Das ist ein ganz und gar verrückter Fall.

41.3 Why, his nose is as pink as paint!"
Seine Nase ist ja rosa wie Farbe!"

42.1 "That's true," said Fearenside. "I knows that.
"Das ist wahr," sagte Fearenside. "Ich weiß das.

42.2 And I tell 'ee what I'm thinking.
Und ich sage dir, was ich denke.

42.3 That marn's a piebald, Teddy.
Das Muttertier ist ein Schecke, Teddy.

42.4 Black here and white there - in patches.
Schwarz hier und weiß da - in Flecken.

42.5 And he's ashamed of it.
Und er schämt sich dafür.

42.6 He's a kind of half-breed, and the colour's come off patchy instead of mixing.
Er ist eine Art Mischling, und die Farbe hat sich nicht vermischt, sondern ist fleckig.

I've heard of such things before.   42.7

Ich habe schon von solchen Dingen gehört.

And it's the common way with horses, as any one can   42.8
see."

Und das ist bei Pferden üblich, wie jeder sehen kann."

CHAPTER IV. MR. CUSS INTERVIEWS THE STRANGER

KAPITEL IV. MR. CUSS INTERVIEWT DEN FREMDEN

1.1 I have told the circumstances of the stranger's arrival in Iping with a certain fulness of detail, in order that the curious impression he created may be understood by the reader.

Ich habe die Umstände der Ankunft des Fremden in Iping mit einer gewissen Ausführlichkeit geschildert, damit der Leser den merkwürdigen Eindruck, den er hinterließ, verstehen kann.

1.2 But excepting two odd incidents, the circumstances of his stay until the extraordinary day of the club festival may be passed over very cursorily.

Aber abgesehen von zwei merkwürdigen Vorfällen können die Umstände seines Aufenthaltes bis zum außergewöhnlichen Tag des Vereinsfestes nur sehr flüchtig erwähnt werden.

There were a number of skirmishes with Mrs. Hall   1.3
on matters of domestic discipline, but in every case
until late April, when the first signs of penury began,
he over-rode her by the easy expedient of an extra
payment.

Es gab eine Reihe von Scharmützeln mit Mrs. Hall in
Fragen der häuslichen Disziplin, aber bis Ende April, als
die ersten Anzeichen von Armut auftraten, setzte er sich
in jedem Fall mit dem einfachen Mittel einer Nachzahlung
über sie hinweg.

Hall did not like him, and whenever he dared he   1.4
talked of the advisability of getting rid of him;

Hall mochte ihn nicht, und wann immer er es wagte,
sprach er davon, dass es ratsam sei, ihn loszuwerden;

but he showed his dislike chiefly by concealing it   1.5
ostentatiously,

aber er zeigte seine Abneigung vor allem dadurch,

and avoiding his visitor as much as possible.   1.6

dass er sie ostentativ verbarg und seinem Besucher so weit
wie möglich aus dem Weg ging.

"Wait till the summer," said Mrs. Hall sagely,   1.7

"Warten Sie bis zum Sommer," sagte Mrs. Hall weise,

"when the artisks are beginning to come. Then we'll   1.8
see.

"wenn die Handwerker zu kommen beginnen. Dann
werden wir sehen.

1.9 He may be a bit overbearing, but bills settled punctual is bills settled punctual, whatever you'd like to say."

Er mag ein wenig anmaßend sein, aber pünktlich abgerechnete Rechnungen sind pünktlich abgerechnete Rechnungen, was auch immer Sie sagen wollen."

2.1 The stranger did not go to church, and indeed made no difference between Sunday and the irreligious days, even in costume.

Der Fremde ging nicht in die Kirche und machte auch in seiner Tracht keinen Unterschied zwischen dem Sonntag und den nicht religiösen Tagen.

2.2 He worked, as Mrs. Hall thought, very fitfully.

Er arbeitete, wie Mrs. Hall fand, sehr unregelmäßig.

2.3 Some days he would come down early and be continuously busy.

An manchen Tagen kam er früh nach unten und war ununterbrochen beschäftigt.

2.4 On others he would rise late, pace his room, fretting audibly for hours together, smoke, sleep in the armchair by the fire.

An anderen Tagen stand er spät auf, ging in seinem Zimmer umher, ärgerte sich stundenlang hörbar, rauchte und schlief im Sessel am Feuer.

2.5 Communication with the world beyond the village he had none.

Mit der Welt außerhalb des Dorfes hatte er keinen Kontakt.

2.6 His temper continued very uncertain;

Sein Temperament war weiterhin sehr unsicher;

for the most part his manner was that of a man   2.7
suffering under almost unendurable provocation,
and once or twice things were snapped, torn,
crushed, or broken in spasmodic gusts of violence.

meist war sein Verhalten das eines Mannes, der
unter einer fast unerträglichen Provokation litt, und
ein - oder zweimal wurden Dinge in krampfhaften
Gewaltausbrüchen zerbrochen, zerrissen, zerquetscht
oder zertreten.

He seemed under a chronic irritation of the greatest   2.8
intensity.

Er schien unter einer chronischen Gereiztheit von höchster
Intensität zu leiden.

His habit of talking to himself in a low voice grew   2.9
steadily upon him, but though Mrs. Hall listened
conscientiously she could make neither head nor tail
of what she heard.

Er hatte die Angewohnheit, mit tiefer Stimme
Selbstgespräche zu führen, aber obwohl Mrs. Hall
gewissenhaft zuhörte, konnte sie sich keinen Reim auf
das machen, was sie hörte.

He rarely went abroad by daylight, but at twilight   3.1
he would go out muffled up invisibly, whether the
weather were cold or not, and he chose the loneliest
paths and those most overshadowed by trees and
banks.

Er ging selten bei Tageslicht aus, aber in der Dämmerung
ging er unsichtbar eingemummt hinaus, ob es nun kalt war
oder nicht, und er wählte die einsamsten Wege und die, die
am meisten von Bäumen und Bänken überschattet waren.

3.2 His goggling spectacles and ghastly bandaged face under the penthouse of his hat, came with a disagreeable suddenness out of the darkness upon one or two home-going labourers, and Teddy Henfrey, tumbling out of the

Seine glotzende Brille und sein grässlich bandagiertes Gesicht unter dem Dach seines Hutes fielen mit unangenehmer Plötzlichkeit aus der Dunkelheit auf den einen oder anderen heimkehrenden Arbeiter, und Teddy Henfrey, der eines Nachts um halb zehn aus dem

3.3 "Scarlet Coat"

"Scarlet Coat"

3.4 one night, at half-past nine, was scared shamefully by the stranger's skull-like head (he was walking hat in hand) lit by the sudden light of the opened inn door.

stolperte, wurde von dem schädelartigen Kopf des Fremden (er ging mit dem Hut in der Hand), der vom plötzlichen Licht der geöffneten Wirtshaustür beleuchtet wurde, beschämend erschreckt.

3.5 Such children as saw him at nightfall dreamt of bogies, and it seemed doubtful whether he disliked boys more than they disliked him, or the reverse;

Die Kinder, die ihn bei Einbruch der Dunkelheit sahen, träumten von Gespenstern, und es schien zweifelhaft, ob er die Jungen mehr verabscheute als sie ihn oder umgekehrt;

3.6 but there was certainly a vivid enough dislike on either side.

aber die Abneigung war auf jeden Fall auf beiden Seiten groß genug.

It was inevitable that a person of so remarkable an appearance and bearing should form a frequent topic in such a village as Iping.

4.1

Es war unvermeidlich, dass eine Person von so bemerkenswerter Erscheinung und Haltung ein häufiges Thema in einem Dorf wie Iping sein würde.

Opinion was greatly divided about his occupation.

4.2

Die Meinungen über seinen Beruf waren sehr geteilt.

Mrs. Hall was sensitive on the point.

4.3

Frau Hall war in diesem Punkt sehr empfindlich.

When questioned, she explained very carefully that he was an

4.4

Wenn sie befragt wurde, erklärte sie sehr vorsichtig, dass er ein

"experimental investigator,"

4.5

"experimenteller Forscher"

going gingerly over the syllables as one who dreads pitfalls.

4.6

sei, wobei sie die Silben so behutsam aussprach, wie jemand, der sich vor Fallen fürchtet.

When asked what an experimental investigator was, she would say with a touch of superiority that most educated people knew such things as that, and would thus explain that he

4.7

Auf die Frage, was ein experimenteller Forscher sei, antwortete sie mit einem Anflug von Überlegenheit, dass die meisten gebildeten Menschen solche Dinge wüssten, und erklärte so, dass er

"discovered things."

4.8

"Dinge entdecke."

4.9 Her visitor had had an accident, she said, which temporarily discoloured his face and hands, and being of a sensitive disposition, he was averse to any public notice of the fact.

Ihr Besucher habe einen Unfall gehabt, bei dem sich sein Gesicht und seine Hände vorübergehend verfärbt hätten, und da er ein sensibles Gemüt habe, wolle er nicht, dass dies in der Öffentlichkeit bekannt werde.

5.1 Out of her hearing there was a view largely entertained that he was a criminal trying to escape from justice by wrapping himself up so as to conceal himself altogether from the eye of the police.

Nach ihrer Anhörung herrschte weitgehend die Meinung vor, dass es sich um einen Verbrecher handelte, der versuchte, der Justiz zu entkommen, indem er sich einwickelte, um sich vor den Augen der Polizei völlig zu verstecken.

5.2 This idea sprang from the brain of Mr. Teddy Henfrey.

Dieser Gedanke entstammte dem Gehirn von Teddy Henfrey.

5.3 No crime of any magnitude dating from the middle or end of February was known to have occurred.

Es war kein Verbrechen irgendeiner Größenordnung bekannt, das Mitte oder Ende Februar stattgefunden hätte.

Elaborated in the imagination of Mr. Gould, the
probationary assistant in the National School,
this theory took the form that the stranger was an
Anarchist in disguise, preparing explosives, and he
resolved to undertake such detective operations as
his time permitted.

5.4

In der Phantasie von Mr. Gould, dem Assistenten auf
Probe in der Nationalen Schule, nahm diese Theorie die
Form an, dass der Fremde ein verkleideter Anarchist war,
der Sprengstoff vorbereitete, und er beschloss, so viele
detektivische Tätigkeiten zu unternehmen, wie es seine
Zeit erlaubte.

These consisted for the most part in looking very
hard at the stranger whenever they met, or in asking
people who had never seen the stranger, leading
questions about him.

5.5

Diese bestanden größtenteils darin, den Fremden bei jeder
Begegnung genau zu beobachten oder Leuten, die den
Fremden noch nie gesehen hatten, gezielte Fragen über ihn
zu stellen.

But he detected nothing.

5.6

Aber er entdeckte nichts.

Another school of opinion followed Mr. Fearenside,
and either accepted the piebald view or some
modification of it; as, for instance, Silas Durgan,
who was heard to assert that

6.1

Eine andere Meinungsgruppe folgte Herrn Fearenside
und akzeptierte entweder die scheckige Ansicht oder eine
Abwandlung davon, wie z. B. Silas Durgan, von dem man
hörte, dass er behauptete,

"if he chooses to show enself at fairs he'd make his
fortune in no time,"

6.2

"wenn er sich auf Jahrmärkten zeigen würde, würde er in
kürzester Zeit ein Vermögen machen,"

6.3 **and being a bit of a theologian, compared the stranger to the man with the one talent.**

und der, da er eine Art Theologe war, den Fremden mit dem Mann mit dem einen Talent verglich.

6.4 **Yet another view explained the entire matter by regarding the stranger as a harmless lunatic.**

Eine andere Ansicht erklärte die ganze Angelegenheit, indem sie den Fremden als harmlosen Verrückten betrachtete.

6.5 **That had the advantage of accounting for everything straight away.**

Das hatte den Vorteil, dass alles auf Anhieb zu erklären war.

7.1 **Between these main groups there were waverers and compromisers.**

Zwischen diesen Hauptgruppen gab es Zauderer und Kompromissler.

7.2 **Sussex folk have few superstitions,**

Die Einwohner von Sussex sind wenig abergläubisch,

7.3 **and it was only after the events of early April that the thought of the supernatural was first whispered in the village.**

und erst nach den Ereignissen Anfang April wurde im Dorf erstmals der Gedanke an etwas Übernatürliches geflüstert.

7.4 **Even then it was only credited among the women folk.**

Selbst dann wurde es nur von den Frauen geglaubt.

But whatever they thought of him, people in Iping, on the whole, agreed in disliking him.

8.1

Aber was auch immer sie von ihm hielten, die Menschen in Iping waren sich im Großen und Ganzen einig, ihn nicht zu mögen.

His irritability, though it might have been comprehensible to an urban brain-worker, was an amazing thing to these quiet Sussex villagers.

8.2

Seine Gereiztheit, die für einen städtischen Denker verständlich gewesen sein mag, war für diese ruhigen Dorfbewohner von Sussex eine erstaunliche Sache.

The frantic gesticulations they surprised now and then, the headlong pace after nightfall that swept him upon them round quiet corners, the inhuman bludgeoning of all tentative advances of curiosity, the taste for twilight that led to the closing of doors, the pulling down of blinds, the extinction of candles and lamps -

8.3

Das hektische Gestikulieren, das sie hin und wieder überraschte, das rasende Tempo, mit dem er nach Einbruch der Dunkelheit um stille Ecken fegte, das unmenschliche Niederknüppeln aller zaghaften Annäherungsversuche, die Vorliebe für die Dämmerung, die dazu führte, dass die Türen geschlossen, die Jalousien heruntergezogen und Kerzen und Lampen gelöscht wurden -

who could agree with such goings on?

8.4

wer konnte mit einem solchen Treiben einverstanden sein?

8.5 They drew aside as he passed down the village, and when he had gone by, young humourists would up with coat-collars and down with hat-brims, and go pacing nervously after him in imitation of his occult bearing.

Als er durch das Dorf ging, wichen sie zur Seite, und wenn er vorbeigegangen war, hoben junge Humoristen ihren Mantelkragen und zogen die Hutkrempe herunter und liefen nervös hinter ihm her, um seine okkulte Haltung zu imitieren.

8.6 There was a song popular at that time called "The Bogey Man".

Damals gab es ein beliebtes Lied namens "The Bogey Man".

8.7 Miss Statchell sang it at the schoolroom concert (in aid of the church lamps), and thereafter whenever one or two of the villagers were gathered together and the stranger appeared, a bar or so of this tune, more or less sharp or flat, was whistled in the midst of them.

Miss Statchell sang es beim Schulkonzert (zu Gunsten der Kirchenlampen), und danach wurde jedes Mal, wenn ein oder zwei Dorfbewohner versammelt waren und der Fremde auftauchte, ein Takt dieser Melodie, mehr oder weniger scharf oder flach, in ihrer Mitte gepfiffen.

8.8 Also belated little children would call "Bogey Man!"

Auch verspätete kleine Kinder riefen ihm "Bogey Man!"

8.9 after him, and make off tremulously elated.

hinterher und zogen begeistert von dannen.

9.1 Cuss, the general practitioner, was devoured by curiosity.

Cuss, der Allgemeinmediziner, war von Neugierde zerfressen.

The bandages excited his professional interest, 9.2

Die Verbände erregten sein berufliches Interesse,

the report of the thousand and one bottles aroused 9.3
his jealous regard.

der Bericht über die tausendundeine Flasche erregte seine
eifersüchtige Aufmerksamkeit.

All through April and May he coveted an opportunity 9.4
of talking to the stranger, and at last, towards
Whitsuntide, he could stand it no longer, but hit
upon the subscription-list for a village nurse as an
excuse.

Den ganzen April und Mai hindurch begehrte er eine
Gelegenheit, mit dem Fremden zu sprechen, und endlich,
gegen Pfingsten, hielt er es nicht mehr aus, sondern nahm
die Subskriptionsliste für eine Dorfkrankenschwester als
Vorwand.

He was surprised to find that Mr. Hall did not know 9.5
his guest's name.

Zu seinem Erstaunen stellte er fest, dass Mr. Hall den
Namen seines Gastes nicht kannte.

"He give a name," said Mrs. Hall - 9.6

"Er hat einen Namen genannt," sagte Mrs. Hall -

an assertion which was quite unfounded - 9.7

eine Behauptung, die völlig unbegründet war -

"but I didn't rightly hear it." 9.8

"aber ich habe ihn nicht richtig gehört."

She thought it seemed so silly not to know the man's 9.9
name.

Sie hielt es für so dumm, den Namen des Mannes nicht zu
kennen.

10.1 Cuss rapped at the parlour door and entered.

Cuss klopfte an die Stubentür und trat ein.

10.2 There was a fairly audible imprecation from within.

Von drinnen ertönte ein gut hörbarer Schimpfton.

10.3 "Pardon my intrusion," said Cuss,

"Verzeihen Sie mein Eindringen," sagte Cuss,

10.4 and then the door closed and cut Mrs. Hall off from the rest of the conversation.

und dann schloss sich die Tür und schnitt Mrs. Hall vom Rest des Gesprächs ab.

11.1 She could hear the murmur of voices for the next ten minutes, then a cry of surprise, a stirring of feet, a chair flung aside, a bark of laughter, quick steps to the door, and Cuss appeared, his face white, his eyes staring over his shoulder.

Die nächsten zehn Minuten hörte sie Stimmengemurmel, dann einen Schrei der Überraschung, einen Fußmarsch, einen Stuhl, der zur Seite geschleudert wurde, ein lautes Lachen, schnelle Schritte zur Tür, und Cuss erschien, mit weißem Gesicht und über die Schulter blickenden Augen.

11.2 He left the door open behind him, and without looking at her strode across the hall and went down the steps, and she heard his feet hurrying along the road.

Er ließ die Tür hinter sich offen stehen und ging, ohne sie anzusehen, durch den Flur und die Treppe hinunter, und sie hörte seine Füße auf der Straße eilen.

11.3 He carried his hat in his hand.

Er trug seinen Hut in der Hand.

She stood behind the door, looking at the open door of the parlour. 11.4

Sie blieb hinter der Tür stehen und schaute auf die offene Tür der Stube.

Then she heard the stranger laughing quietly, 11.5

Dann hörte sie den Fremden leise lachen,

and then his footsteps came across the room. 11.6

und dann kamen seine Schritte durch den Raum.

She could not see his face where she stood. 11.7

Wo sie stand, konnte sie sein Gesicht nicht sehen.

The parlour door slammed, and the place was silent again. 11.8

Die Stubentür schlug zu, und es wurde wieder still im Raum.

Cuss went straight up the village to Bunting the vicar. 12.1

Cuss ging schnurstracks ins Dorf zu Bunting, dem Vikar.

"Am I mad?" Cuss began abruptly, 12.2

"Bin ich verrückt?" begann Cuss abrupt,

as he entered the shabby little study. 12.3

als er das schäbige kleine Arbeitszimmer betrat.

"Do I look like an insane person?" 12.4

"Sehe ich aus wie ein Wahnsinniger?"

"What's happened?" 13.1

"Was ist passiert?"

13.2 said the vicar, putting the ammonite on the loose
sheets of his forth-coming sermon.
fragte der Pfarrer und legte den Ammoniten auf die losen
Blätter seiner bevorstehenden Predigt.

14.1 "That chap at the inn — "
"Der Kerl im Gasthaus — "

15.1 "Well?"
"Und?"

16.1 "Give me something to drink," said Cuss, and he sat
down.
"Gib mir etwas zu trinken," sagte Cuss und setzte sich.

17.1 When his nerves had been steadied by a glass of
cheap sherry -
Als sich seine Nerven durch ein Glas billigen Sherrys -

17.2 the only drink the good vicar had available -
das einzige Getränk, das der gute Vikar zur Verfügung
hatte -

17.3 he told him of the interview he had just had.
beruhigt hatten, erzählte er ihm von dem Gespräch, das er
gerade geführt hatte.

17.4 "Went in," he gasped,
"Er kam herein," keuchte er,

17.5 "and began to demand a subscription for that Nurse
Fund.
"und verlangte einen Beitrag für den Schwesternfonds.

He'd stuck his hands in his pockets as I came in, and he sat down lumpily in his chair.   17.6

Er hatte die Hände in die Taschen gesteckt, als ich hereinkam, und setzte sich plump auf seinen Stuhl.

Sniffed.   17.7

Er schniefte.

I told him I'd heard he took an interest in scientific things.   17.8

Ich sagte ihm, ich hätte gehört, dass er sich für wissenschaftliche Dinge interessiere.

He said yes. Sniffed again. Kept on sniffing all the time;   17.9

Er sagte ja. Schnüffelte wieder. Schnüffelte die ganze Zeit;

evidently recently caught an infernal cold.   17.10

offensichtlich hatte er sich kürzlich eine höllische Erkältung eingefangen.

No wonder, wrapped up like that!   17.11

Kein Wunder, so eingemummelt!

I developed the nurse idea, and all the while kept my eyes open.   17.12

Ich entwickelte die Idee der Krankenschwester und hielt die ganze Zeit die Augen offen.

Bottles - chemicals - everywhere.   17.13

Flaschen - Chemikalien - überall.

Balance, test-tubes in stands, and a smell of — evening primrose.   17.14

Waagen, Reagenzgläser in Ständern und ein Geruch von Nachtkerzen.

17.15 Would he subscribe? Said he'd consider it.
Würde er abonnieren? Er sagte, er würde es in Betracht ziehen.

17.16 Asked him, point-blank, was he researching.
Ich fragte ihn geradeheraus, ob er forscht.

17.17 Said he was. A long research?
Er sagte, er forsche. Eine lange Recherche?

17.18 Got quite cross. 'A damnable long research,'
Wurde ziemlich sauer. 'Eine verdammt lange Recherche,'

17.19 said he, blowing the cork out, so to speak. 'Oh,'
sagte er und blies sozusagen den Korken aus. 'Oh,'

17.20 said I. And out came the grievance.
sagte ich. Und dann kam der Kummer zum Vorschein.

17.21 The man was just on the boil,
Der Mann war gerade am Kochen,

17.22 and my question boiled him over.
und meine Frage brachte ihn zum Überkochen.

17.23 He had been given a prescription, most valuable prescription -
Man hatte ihm ein Rezept gegeben, ein sehr wertvolles Rezept -

17.24 what for he wouldn't say. Was it medical?
wofür, wollte er nicht sagen. War es medizinisch?

17.25 'Damn you! What are you fishing after?'
'Verdammt noch mal! Was wollen Sie hier?'

I apologised. Dignified sniff and cough.   17.26

Ich entschuldigte mich. Würdiges Schniefen und Husten.

He resumed. He'd read it. Five ingredients.   17.27

Er fuhr fort. Er hatte es gelesen. Fünf Zutaten.

Put it down; turned his head.   17.28

Er legte es hin und drehte seinen Kopf.

Draught of air from window lifted the paper. Swish,   17.29
rustle.

Ein Luftzug vom Fenster hob das Papier an. Zischen,
Rascheln.

He was working in a room with an open fireplace, he   17.30
said.

Er arbeitete in einem Raum mit einem offenen Kamin,
sagte er.

Saw a flicker,   17.31

Er sah ein Flackern,

and there was the prescription burning and lifting   17.32
chimneyward.

und da brannte das Rezept und hob den Schornstein an.

Rushed towards it just as it whisked up the chimney.   17.33

Er eilte darauf zu, gerade als es den Schornstein
hinaufzischte.

So!   17.34

So!

Just at that point, to illustrate his story, out came his   17.35
arm."

In diesem Moment, um seine Geschichte zu illustrieren,
kam sein Arm heraus."

18.1 "Well?"
"Und?"

19.1 "No hand - just an empty sleeve. Lord! I thought,
"Keine Hand - nur ein leerer Ärmel. Mein Gott! Ich dachte,

19.2 that's a deformity!
das ist eine Verunstaltung!

19.3 Got a cork arm, I suppose, and has taken it off.
Hat wohl einen Korkarm und hat ihn abgenommen.

19.4 Then, I thought, there's something odd in that.
Dann dachte ich, da ist etwas Seltsames dran.

19.5 What the devil keeps that sleeve up and open,
Was zum Teufel hält den Ärmel hoch und offen,

19.6 if there's nothing in it? There was nothing in it, I tell you.
wenn nichts drin ist? Da war nichts drin, sage ich Ihnen.

19.7 Nothing down it, right down to the joint.
Es war nichts drin, bis hinunter zum Gelenk.

19.8 I could see right down it to the elbow, and there was a glimmer of light shining through a tear of the cloth.
Ich konnte bis zum Ellbogen sehen, und da war ein Lichtschimmer, der durch einen Riss im Stoff schien.

19.9 'Good God!' I said. Then he stopped.
'Großer Gott!' sagte ich. Dann blieb er stehen.

19.10 Stared at me with those black goggles of his, and then at his sleeve."
Er starrte mich mit seiner schwarzen Schutzbrille an und dann auf seinen Ärmel."

"Well?" 20.1

"Und?"

"That's all. He never said a word; just glared, 21.1

"Das ist alles. Er sagte kein Wort,

and put his sleeve back in his pocket quickly. 21.2

sondern starrte nur und steckte seinen Ärmel schnell
wieder in die Tasche.

'I was saying,' said he, 'that there was the 21.3
prescription burning, wasn't I?'

Ich habe gesagt," sagte er, "dass das Rezept brennt, nicht
wahr?'

Interrogative cough. 'How the devil,' said I, 21.4

Fragendes Husten. 'Wie zum Teufel,' sagte ich,

'can you move an empty sleeve like that?' 21.5

'können Sie einen leeren Ärmel so bewegen?'

'Empty sleeve?' 21.6

'Leerer Ärmel?'

'Yes,' said I, 'an empty sleeve.' 21.7

'Ja,' sagte ich, 'ein leerer Ärmel.'

"'It's an empty sleeve, is it? 22.1

"'Es ist ein leerer Ärmel, ja?

You saw it was an empty sleeve?' 22.2

Sie haben gesehen, dass es ein leerer Ärmel ist?'

He stood up right away. I stood up too. 22.3

Er stand sofort auf. Ich bin auch aufgestanden.

22.4 He came towards me in three very slow steps, and stood quite close.

Er kam mit drei sehr langsamen Schritten auf mich zu und blieb ganz nah bei mir stehen.

22.5 Sniffed venomously.

Er schnüffelte giftig.

22.6 I didn't flinch, though I'm hanged if that bandaged knob of his, and those blinkers, aren't enough to unnerve any one, coming quietly up to you.

Ich zuckte nicht zurück, obwohl ich nicht glaube, dass sein bandagierter Knauf und die Scheuklappen nicht ausreichen, um jemanden zu verunsichern, wenn er sich einem leise nähert.

23.1 "'You said it was an empty sleeve?' he said.

"'Sie sagten, es sei ein leerer Ärmel?' fragte er.

23.2 'Certainly,' I said.

'Gewiss,' sagte ich.

23.3 At staring and saying nothing a barefaced man, unspectacled, starts scratch.

Er starrte mich an und sagte nichts, als ein Mann mit nacktem Gesicht, ohne Brille, anfing zu kratzen.

23.4 Then very quietly he pulled his sleeve out of his pocket again,

Dann zog er ganz leise den Ärmel wieder aus der Tasche und hob den Arm zu mir,

23.5 and raised his arm towards me as though he would show it to me again.

als ob er ihn mir wieder zeigen wollte.

He did it very, very slowly. I looked at it.   23.6
Er tat es sehr, sehr langsam. Ich schaute ihn an.

Seemed an age. 'Well?'   23.7
Es schien eine Ewigkeit zu dauern. 'Und?'

said I, clearing my throat, 'there's nothing in it.'   23.8
sagte ich und räusperte mich, 'da ist nichts drin.'

"Had to say something. I was beginning to feel   24.1
frightened.
"Ich musste etwas sagen. Ich fing an, mich zu fürchten.

I could see right down it.   24.2
Ich konnte direkt hineinsehen.

He extended it straight towards me, slowly, slowly -   24.3
Er streckte ihn direkt auf mich zu, langsam, langsam -

just like that -   24.4
einfach so -

until the cuff was six inches from my face.   24.5
bis die Manschette fünf Zentimeter vor meinem Gesicht
war.

Queer thing to see an empty sleeve come at you like   24.6
that!
Seltsam, einen leeren Ärmel so auf sich zukommen zu
sehen!

And then — "   24.7
Und dann — "

"Well?"   25.1
"Und?"

26.1 "Something -
"Irgendetwas -

26.2 exactly like a finger and thumb it felt -
es fühlte sich an wie ein Finger und ein Daumen -

26.3 nipped my nose."
drückte auf meine Nase."

27.1 Bunting began to laugh.
Bunting begann zu lachen.

28.1 "There wasn't anything there!"
"Da war nichts!"

28.2 said Cuss, his voice running up into a shriek at the,
sagte Cuss, wobei sich seine Stimme bei dem zu einem
Schrei steigerte,

28.3 "there."
"da."

28.4 "It's all very well for you to laugh, but I tell you I was
so startled, I hit his cuff hard, and turned around,
and cut out of the room — I left him — "
"Sie können ruhig lachen, aber ich sage Ihnen, ich war
so erschrocken, dass ich ihm auf die Finger klopfte, mich
umdrehte und aus dem Zimmer verschwand - ich ließ ihn
zurück — "

29.1 Cuss stopped.
Cuss blieb stehen.

29.2 There was no mistaking the sincerity of his panic.
Die Aufrichtigkeit seiner Panik war nicht zu übersehen.

He turned round in a helpless way and took a second glass of the excellent vicar's very inferior sherry.

29.3

Er drehte sich hilflos um und nahm ein zweites Glas des sehr minderwertigen Sherrys des hervorragenden Pfarrers.

"When I hit his cuff," said Cuss,

29.4

"Als ich seine Manschette traf," sagte Cuss,

"I tell you, it felt exactly like hitting an arm.

29.5

"fühlte es sich genau so an, als würde ich einen Arm treffen.

And there wasn't an arm! There wasn't the ghost of an arm!"

29.6

Und da war kein Arm! Da war nicht mal der Hauch eines Arms!"

Mr. Bunting thought it over.

30.1

Mr. Bunting dachte darüber nach.

He looked suspiciously at Cuss.

30.2

Er sah Cuss misstrauisch an.

"It's a most remarkable story," he said.

30.3

"Das ist eine höchst bemerkenswerte Geschichte," sagte er.

He looked very wise and grave indeed.

30.4

Er sah in der Tat sehr weise und ernst aus.

"It's really,"

30.5

"Es ist wirklich,"

said Mr. Bunting with judicial emphasis,

30.6

sagte Mr. Bunting mit gerichtlichem Nachdruck,

"a most remarkable story."

30.7

"eine höchst bemerkenswerte Geschichte."

CHAPTER V. THE BURGLARY AT THE VICARAGE

KAPITEL V. DER EINBRUCH IM PFARRHAUS

1.1 The facts of the burglary at the vicarage came to us chiefly through the medium of the vicar and his wife.

Von dem Einbruch im Pfarrhaus erfuhren wir vor allem durch den Pfarrer und seine Frau.

1.2 It occurred in the small hours of Whit Monday, the day devoted in Iping to the Club festivities.

Er ereignete sich in den frühen Morgenstunden des Pfingstmontags, dem Tag, der in Iping den Feierlichkeiten des Clubs gewidmet war.

1.3 Mrs. Bunting, it seems, woke up suddenly in the stillness that comes before the dawn, with the strong impression that the door of their bedroom had opened and closed.

Frau Bunting, so scheint es, wachte plötzlich in der Stille vor der Morgendämmerung auf und hatte den starken Eindruck, dass sich die Tür ihres Schlafzimmers geöffnet und geschlossen hatte.

She did not arouse her husband at first, 1.4

Sie weckte ihren Mann zunächst nicht,

but sat up in bed listening. 1.5

sondern setzte sich im Bett auf und lauschte.

She then distinctly heard the pad, pad, pad of bare 1.6
feet coming out of the adjoining dressing-room and
walking along the passage towards the staircase.

Dann hörte sie deutlich die Schritte nackter Füße, die aus
dem angrenzenden Ankleidezimmer kamen und den Gang
entlang zur Treppe gingen.

As soon as she felt assured of this, 1.7

Sobald sie sich dessen sicher war,

she aroused the Rev. Mr. Bunting as quietly as 1.8
possible.

weckte sie den Pfarrer Mr. Bunting so leise wie möglich.

He did not strike a light, but putting on his spectacles, 1.9
her dressing-gown and his bath slippers, he went out
on the landing to listen.

Er zündete kein Licht an, sondern zog seine Brille, ihren
Morgenmantel und seine Badelatschen an und ging auf den
Treppenabsatz, um zu lauschen.

He heard quite distinctly a fumbling going on at his 1.10
study desk down-stairs, and then a violent sneeze.

Er hörte ganz deutlich, wie unten am Schreibtisch seines
Arbeitszimmers herumgefummelt wurde, und dann ein
heftiges Niesen.

2.1 At that he returned to his bedroom, armed himself with the most obvious weapon, the poker, and descended the staircase as noiselessly as possible.

Daraufhin kehrte er in sein Schlafzimmer zurück, bewaffnete sich mit der offensichtlichsten Waffe, dem Schürhaken, und stieg die Treppe so geräuschlos wie möglich hinunter.

2.2 Mrs. Bunting came out on the landing.

Mrs. Bunting kam auf dem Treppenabsatz heraus.

3.1 The hour was about four,

Es war etwa vier Uhr,

3.2 and the ultimate darkness of the night was past.

und die endgültige Dunkelheit der Nacht war vorbei.

3.3 There was a faint shimmer of light in the hall,

Es gab einen schwachen Lichtschimmer in der Halle,

3.4 but the study doorway yawned impenetrably black.

aber die Tür zum Arbeitszimmer gähnte undurchdringlich schwarz.

3.5 Everything was still except the faint creaking of the stairs under Mr. Bunting's tread,

Alles war still,

3.6 and the slight movements in the study.

außer dem leisen Knarren der Treppe unter Mr. Buntings Schritten und den leichten Bewegungen im Arbeitszimmer.

3.7 Then something snapped, the drawer was opened, and there was a rustle of papers.

Dann knackte etwas, die Schublade wurde geöffnet, und es raschelte mit den Papieren.

Then came an imprecation, 3.8

Dann ertönte ein Verwünschungsruf,

and a match was struck and the study was flooded 3.9
with yellow light.

ein Streichholz wurde angezündet und das Arbeitszimmer
in gelbes Licht getaucht.

Mr. Bunting was now in the hall, 3.10

Mr. Bunting befand sich jetzt im Flur,

and through the crack of the door he could see the 3.11
desk and the open drawer and a candle burning on
the desk.

und durch den Türspalt konnte er den Schreibtisch und die
geöffnete Schublade sowie eine brennende Kerze auf dem
Schreibtisch sehen.

But the robber he could not see. 3.12

Aber den Räuber konnte er nicht sehen.

He stood there in the hall undecided what to do, and 3.13
Mrs. Bunting, her face white and intent, crept slowly
downstairs after him.

Er stand in der Halle und wusste nicht, was er tun sollte,
und Mrs. Bunting schlich mit bleichem Gesicht langsam
hinter ihm her die Treppe hinunter.

One thing kept Mr. Bunting's courage; the 3.14
persuasion that this burglar was a resident in the
village.

Eines hielt Mr. Bunting den Mut, nämlich die
Überzeugung, dass dieser Einbrecher im Dorf wohnte.

They heard the chink of money, 4.1

Sie hörten das Klirren von Geld und erkannten,

4.2 and realised that the robber had found the housekeeping reserve of gold -

dass der Räuber die Goldreserve des Hauses gefunden hatte -

4.3 two pounds ten in half sovereigns altogether.

insgesamt zwei Pfund und zehn halbe Sovereigns.

4.4 At that sound Mr. Bunting was nerved to abrupt action.

Dieses Geräusch veranlasste Mr. Bunting zu einer plötzlichen Aktion.

4.5 Gripping the poker firmly, he rushed into the room, closely followed by Mrs. Bunting.

Er packte den Schürhaken fest und stürmte ins Zimmer, dicht gefolgt von Mrs. Bunting.

4.6 "Surrender!"

"Ergib dich!"

4.7 cried Mr. Bunting, fiercely, and then stooped amazed.

rief Mr. Bunting wütend und bückte sich dann erstaunt.

4.8 Apparently the room was perfectly empty.

Offenbar war der Raum vollkommen leer.

5.1 Yet their conviction that they had, that very moment, heard somebody moving in the room had amounted to a certainty.

Doch ihre Überzeugung, dass sie genau in diesem Moment gehört hatten, dass sich jemand im Raum bewegte, war zur Gewissheit geworden.

For half a minute, perhaps, they stood gaping, then Mrs. Bunting went across the room and looked behind the screen, while Mr. Bunting, by a kindred impulse, peered under the desk.

5.2

Vielleicht eine halbe Minute lang standen sie stumm da, dann ging Mrs. Bunting quer durch den Raum und schaute hinter den Paravent, während Mr. Bunting aus einem ähnlichen Impuls heraus unter den Schreibtisch spähte.

Then Mrs. Bunting turned back the window-curtains,

5.3

Dann schlug Mrs. Bunting die Fenstervorhänge zurück,

and Mr. Bunting looked up the chimney and probed it with the poker.

5.4

und Mr. Bunting schaute zum Schornstein hinauf und sondierte ihn mit dem Schürhaken.

Then Mrs. Bunting scrutinised the waste-paper basket and Mr. Bunting opened the lid of the coal-scuttle.

5.5

Dann untersuchte Frau Bunting den Papierkorb, und Herr Bunting öffnete den Deckel des Kohlenkastens.

Then they came to a stop and stood with eyes interrogating each other.

5.6

Dann blieben sie stehen und sahen sich mit fragenden Augen an.

"I could have sworn — " said Mr. Bunting.

6.1

"Ich hätte schwören können," sagte Mr. Bunting.

"The candle!" said Mr. Bunting.

7.1

"Die Kerze!" sagte Mr. Bunting.

7.2 "Who lit the candle?"
"Wer hat die Kerze angezündet?"

8.1 "The drawer!" said Mrs. Bunting.
"Die Schublade!" sagte Mrs. Bunting.

8.2 "And the money's gone!"
"Und das Geld ist weg!"

9.1 She went hastily to the doorway.
Sie ging eilig zur Tür.

10.1 "Of all the strange occurrences — "
"Von all den seltsamen Vorkommnissen — "

11.1 There was a violent sneeze in the passage. They rushed out,
Ein heftiges Niesen ertönte auf dem Gang. Sie eilten hinaus,

11.2 and as they did so the kitchen door slammed.
und in diesem Moment schlug die Küchentür zu.

11.3 "Bring the candle," said Mr. Bunting, and led the way.
"Bringen Sie die Kerze," sagte Mr. Bunting und ging voran.

11.4 They both heard a sound of bolts being hastily shot back.
Beide hörten das Geräusch von eilig zurückgeschossenen Bolzen.

As he opened the kitchen door he saw through the scullery that the back door was just opening, and the faint light of early dawn displayed the dark masses of the garden beyond. 12.1

Als er die Küchentür öffnete, sah er durch die Spülküche, dass sich die Hintertür gerade öffnete und das schwache Licht der frühen Morgendämmerung die dunklen Massen des Gartens dahinter zeigte.

He is certain that nothing went out of the door. 12.2

Er ist sich sicher, dass nichts aus der Tür ging.

It opened, stood open for a moment, and then closed with a slam. 12.3

Sie öffnete sich, blieb einen Moment lang offen stehen und schloss sich dann mit einem Knall.

As it did so, 12.4

Dabei flackerte und flackerte die Kerze,

the candle Mrs. Bunting was carrying from the study flickered and flared. 12.5

die Mrs. Bunting aus dem Arbeitszimmer mitgebracht hatte.

It was a minute or more before they entered the kitchen. 12.6

Es dauerte eine Minute oder länger, bis sie die Küche betraten.

The place was empty. 13.1

Die Wohnung war leer.

13.2 **They refastened the back door, examined the kitchen, pantry, and scullery thoroughly, and at last went down into the cellar.**

Sie schlossen die Hintertür wieder, untersuchten Küche, Speisekammer und Spülküche gründlich und stiegen schließlich in den Keller hinab.

13.3 **There was not a soul to be found in the house,**

Es war keine Menschenseele im Haus zu finden,

13.4 **search as they would.**

so sehr sie auch suchen mochten.

14.1 **Daylight found the vicar and his wife, a quaintly-costumed little couple, still marvelling about on their own ground floor by the unnecessary light of a guttering candle.**

Bei Tageslicht sah man den Pfarrer und seine Frau, ein putzig gekleidetes Pärchen, immer noch in ihrem eigenen Erdgeschoss beim unnötigen Licht einer Dachrinnenkerze herumstolzieren.

CHAPTER VI. THE FURNITURE THAT WENT MAD

KAPITEL VI. DIE MÖBEL, DIE VERRÜCKT WURDEN

1.1 Now it happened that in the early hours of Whit Monday, before Millie was hunted out for the day, Mr. Hall and Mrs. Hall both rose and went noiselessly down into the cellar.

Es begab sich nun, dass in den frühen Morgenstunden des Pfingstmontags, bevor Millie für den Tag ausgejagt wurde, Mr. Hall und Mrs. Hall aufstanden und geräuschlos in den Keller hinuntergingen.

1.2 Their business there was of a private nature, and had something to do with the specific gravity of their beer.

Ihr Geschäft dort war privater Natur und hatte etwas mit dem spezifischen Gewicht ihres Bieres zu tun.

They had hardly entered the cellar when Mrs. Hall found she had forgotten to bring down a bottle of sarsaparilla from their joint-room. 1.3

Kaum hatten sie den Keller betreten, stellte Mrs. Hall fest, dass sie vergessen hatte, eine Flasche Sarsaparille aus dem Gemeinschaftsraum mitzubringen.

As she was the expert and principal operator in this affair, Hall very properly went upstairs for it. 1.4

Da sie die Expertin und Hauptakteurin in dieser Angelegenheit war, ging Hall ganz richtig nach oben, um sie zu holen.

On the landing he was surprised to see that the stranger's door was ajar. 2.1

Auf dem Treppenabsatz stellte er zu seiner Überraschung fest, dass die Tür des Fremden einen Spalt offen stand.

He went on into his own room and found the bottle as he had been directed. 2.2

Er ging weiter in sein eigenes Zimmer und fand die Flasche, wie er angewiesen worden war.

But returning with the bottle, he noticed that the bolts of the front door had been shot back, that the door was in fact simply on the latch. 3.1

Doch als er mit der Flasche zurückkam, stellte er fest, dass die Riegel der Haustür zurückgeschossen waren und die Tür tatsächlich nur auf der Klinke stand.

And with a flash of inspiration he connected this with the stranger's room upstairs and the suggestions of Mr. Teddy Henfrey. 3.2

Und mit einem Geistesblitz brachte er dies mit dem Zimmer des Fremden im Obergeschoss und den Andeutungen von Mr. Teddy Henfrey in Verbindung.

3.3 He distinctly remembered holding the candle while Mrs. Hall shot these bolts overnight.

Er erinnerte sich deutlich daran, wie er die Kerze gehalten hatte, während Mrs. Hall über Nacht diese Riegel schoss.

3.4 At the sight he stopped, gaping, then with the bottle still in his hand went upstairs again.

Bei diesem Anblick blieb er starr stehen und ging mit der Flasche in der Hand wieder nach oben.

3.5 He rapped at the stranger's door. There was no answer.

Er klopfte an die Tür des Fremden. Es kam keine Antwort.

3.6 He rapped again; then pushed the door wide open and entered.

Er klopfte erneut, stieß die Tür weit auf und trat ein.

4.1 It was as he expected.

Es war, wie er erwartet hatte.

4.2 The bed, the room also, was empty.

Das Bett und auch das Zimmer waren leer.

4.3 And what was stranger, even to his heavy intelligence, on the bedroom chair and along the rail of the bed were scattered the garments, the only garments so far as he knew, and the bandages of their guest.

Und was noch seltsamer war, selbst für seine schwere Intelligenz, auf dem Schlafzimmerstuhl und entlang des Bettgitters waren die Kleidungsstücke, die einzigen Kleidungsstücke, soweit er sie kannte, und die Bandagen ihres Gastes verstreut.

His big slouch hat even was cocked jauntily over the
bed-post.   4.4

Sogar sein großer Schlapphut war keck über den
Bettpfosten geschoben.

As Hall stood there he heard his wife's voice coming   5.1
out of the depth of the cellar, with that rapid
telescoping of the syllables and interrogative cocking
up of the final words to a high note, by which the
West Sussex villager is wont to indicate a brisk
impatience.

Während Hall so dastand, hörte er die Stimme seiner
Frau aus der Tiefe des Kellers kommen, mit jener raschen
Silbenverdichtung und dem fragenden Aufbäumen
der letzten Worte zu einem hohen Ton, mit dem der
Dorfbewohner von West Sussex eine lebhafte Ungeduld
anzudeuten pflegt.

"George! You gart whad a wand?"   5.2

"George! You gart whad a wand?"

At that he turned and hurried down to her.   6.1

Daraufhin drehte er sich um und eilte zu ihr hinunter.

"Janny," he said, over the rail of the cellar steps,   6.2

"Janny," sagte er über das Geländer der Kellertreppe,

"'tas the truth what Henfrey sez.   6.3

"es ist die Wahrheit, was Henfrey sez.

'E's not in uz room, 'e en't.   6.4

Er ist nicht in unserem Zimmer, wirklich nicht.

And the front door's onbolted."   6.5

Und die Haustür ist verriegelt."

7.1 At first Mrs. Hall did not understand, and as soon as she did she resolved to see the empty room for herself.

Frau Hall verstand zunächst nicht, aber sobald sie es verstand, beschloss sie, das leere Zimmer mit eigenen Augen zu sehen.

7.2 Hall, still holding the bottle, went first.

Hall, der immer noch die Flasche in der Hand hielt, ging voraus.

7.3 "If 'e en't there," he said, "'is close are.

"Wenn er nicht da ist," sagte er, "dann ist er in der Nähe.

7.4 And what's 'e doin' 'ithout 'is close, then?

Und was macht er dann ohne seine Nähe?

7.5 'Tas a most curious business."

Das ist eine höchst merkwürdige Angelegenheit."

8.1 As they came up the cellar steps they both, it was afterwards ascertained, fancied they heard the front door open and shut, but seeing it closed and nothing there, neither said a word to the other about it at the time.

Als sie die Kellertreppe hinaufkamen, glaubten beide, wie sich später herausstellte, das Öffnen und Schließen der Haustür zu hören, aber da sie geschlossen und nichts zu sehen war, sagte keiner von beiden ein Wort zu dem anderen.

8.2 Mrs. Hall passed her husband in the passage and ran on first upstairs.

Frau Hall ging an ihrem Mann vorbei in den Flur und lief zuerst nach oben.

Someone sneezed on the staircase. 8.3

Jemand nieste auf der Treppe.

Hall, following six steps behind, thought that he 8.4
heard her sneeze.

Hall, der sechs Schritte hinter ihr ging, glaubte, sie niesen
zu hören.

She, going on first, was under the impression that 8.5
Hall was sneezing.

Sie, die als Erste weiterging, hatte den Eindruck, dass Hall
nieste.

She flung open the door and stood regarding the 8.6
room.

Sie stieß die Tür auf und betrachtete den Raum.

"Of all the curious!" she said. 8.7

"Wie merkwürdig!" sagte sie.

She heard a sniff close behind her head as it seemed, 9.1
and turning, was surprised to see Hall a dozen feet off
on the topmost stair.

Sie hörte ein Schnüffeln dicht hinter sich, und als sie sich
umdrehte, sah sie zu ihrer Überraschung Hall ein Dutzend
Meter entfernt auf der obersten Treppe.

But in another moment he was beside her. 9.2

Aber in einem anderen Moment war er neben ihr.

She bent forward and put her hand on the pillow and 9.3
then under the clothes.

Sie beugte sich vor und legte ihre Hand auf das Kissen und
dann unter die Kleidung.

"Cold," she said. 10.1

"Kalt," sagte sie.

10.2 "He's been up this hour or more."
"Er ist seit einer Stunde oder länger wach."

11.1 As she did so, a most extraordinary thing happened.
Als sie dies tat, geschah etwas ganz Außergewöhnliches.

11.2 The bed-clothes gathered themselves together, leapt up suddenly into a sort of peak, and then jumped headlong over the bottom rail.
Das Bettzeug zog sich zusammen, sprang plötzlich zu einer Art Spitze auf und sprang dann kopfüber über das untere Geländer.

11.3 It was exactly as if a hand had clutched them in the centre and flung them aside.
Es war genau so, als hätte eine Hand sie in der Mitte gepackt und zur Seite geschleudert.

11.4 Immediately after, the stranger's hat hopped off the bed-post, described a whirling flight in the air through the better part of a circle, and then dashed straight at Mrs. Hall's face.
Unmittelbar danach sprang der Hut des Fremden vom Bettpfosten ab, beschrieb einen wirbelnden Flug durch die Luft, der den größten Teil eines Kreises umfasste, und prallte dann direkt auf Mrs. Halls Gesicht.

11.5 Then as swiftly came the sponge from the washstand;
Dann kam ebenso schnell der Schwamm vom Waschtisch;

and then the chair, flinging the stranger's coat and trousers carelessly aside, and laughing drily in a voice singularly like the stranger's, turned itself up with its four legs at Mrs. Hall, seemed to take aim at her for a moment, and charged at her. 11.6

und dann drehte sich der Stuhl, der Mantel und Hose des Fremden achtlos beiseite warf und mit einer Stimme, die der des Fremden sehr ähnlich war, dröhnend lachte, mit seinen vier Beinen auf Mrs. Hall zu, schien einen Moment lang auf sie zu zielen und stürzte sich auf sie.

She screamed and turned, and then the chair legs came gently but firmly against her back and impelled her and Hall out of the room. 11.7

Sie schrie auf und drehte sich um, und dann stießen die Stuhlbeine sanft, aber fest gegen ihren Rücken und drängten sie und Hall aus dem Zimmer.

The door slammed violently and was locked. 11.8

Die Tür schlug heftig zu und wurde verschlossen.

The chair and bed seemed to be executing a dance of triumph for a moment, 11.9

Der Stuhl und das Bett schienen einen Moment lang einen Triumphtanz zu vollführen,

and then abruptly everything was still. 11.10

dann war plötzlich alles still.

Mrs. Hall was left almost in a fainting condition in Mr. Hall's arms on the landing. 12.1

Mrs. Hall wurde fast ohnmächtig in Mr. Halls Armen auf dem Treppenabsatz zurückgelassen.

12.2 It was with the greatest difficulty that Mr. Hall and Millie, who had been roused by her scream of alarm, succeeded in getting her downstairs, and applying the restoratives customary in such cases.

Nur mit größter Mühe gelang es Mr. Hall und Millie, die durch ihren Alarmschrei geweckt worden war, sie nach unten zu bringen und ihr die in solchen Fällen üblichen Stärkungsmittel zu verabreichen.

13.1 "'Tas sperits," said Mrs. Hall. "I know

"'Tas sperits," sagte Mrs. Hall. "Ich kenne

13.2 'tas sperits. I've read in papers of en.

'tas sperits. Ich habe in den Zeitungen von ihnen gelesen.

13.3 Tables and chairs leaping and dancing ..."

Tische und Stühle hüpfen und tanzen ..."

14.1 "Take a drop more, Janny," said Hall.

"Nimm noch einen Tropfen, Janny," sagte Hall.

14.2 "'Twill steady ye."

"Das wird dich beruhigen."

15.1 "Lock him out," said Mrs. Hall.

"Schließt ihn aus," sagte Frau Hall.

15.2 "Don't let him come in again. I half guessed -

"Lassen Sie ihn nicht mehr herein. Ich habe es fast geahnt -

15.3 I might ha' known.

ich hätte es wissen können.

15.4 With them goggling eyes and bandaged head,

Mit den glotzenden Augen und dem bandagierten Kopf,

and never going to church of a Sunday.

15.5

und dass er sonntags nie in die Kirche geht.

And all they bottles - more'n it's right for any one to have.

15.6

Und all die Flaschen - mehr, als man haben sollte.

He's put the sperits into the furniture ...My good old furniture!

15.7

Er hat die Spermien in die Möbel gesteckt ...Meine guten alten Möbel!

'Twas in that very chair my poor dear mother used to sit when I was a little girl.

15.8

In diesem Stuhl saß meine arme liebe Mutter, als ich ein kleines Mädchen war.

To think it should rise up against me now!"

15.9

Wenn ich daran denke, dass er sich jetzt gegen mich erhebt!"

"Just a drop more, Janny," said Hall.

16.1

"Nur noch einen Tropfen, Janny," sagte Hall.

"Your nerves is all upset."

16.2

"Deine Nerven sind ganz durcheinander."

They sent Millie across the street through the golden five o'clock sunshine to rouse up Mr. Sandy Wadgers, the blacksmith.

17.1

Sie schickten Millie im goldenen Fünf-Uhr-Sonnenschein über die Straße, um Mr. Sandy Wadgers, den Schmied, zu wecken.

17.2 **Mr. Hall's compliments and the furniture upstairs was behaving most extraordinary.**
Mr. Halls Komplimente und die Möbel im Obergeschoss verhielten sich höchst ungewöhnlich.

17.3 **Would Mr. Wadgers come round?**
Würde Mr. Wadgers vorbeikommen?

17.4 **He was a knowing man, was Mr. Wadgers, and very resourceful.**
Mr. Wadgers war ein kluger Mann und sehr einfallsreich.

17.5 **He took quite a grave view of the case.**
Er betrachtete den Fall sehr ernst.

17.6 **"Arm darmed if thet ent witchcraft," was the view of Mr. Sandy Wadgers.**
"Arm dran, wenn es Hexerei ist," war Mr. Sandy Wadgers' Meinung.

17.7 **"You warnt horseshoes for such gentry as he."**
"Für so einen Adeligen wie ihn sollte man keine Hufeisen kaufen."

18.1 **He came round greatly concerned.**
Er kam sehr besorgt zu sich.

18.2 **They wanted him to lead the way upstairs to the room, but he didn't seem to be in any hurry.**
Sie wollten, dass er ihnen den Weg nach oben in das Zimmer zeigt, aber er schien es nicht eilig zu haben.

18.3 **He preferred to talk in the passage.**
Er zog es vor, auf dem Gang zu reden.

Over the way Huxter's apprentice came out and began taking down the shutters of the tobacco window. 18.4

Auf dem Weg dorthin kam der Lehrling von Huxter heraus und begann, die Fensterläden des Tabakfensters herunterzunehmen.

He was called over to join the discussion. 18.5

Er wurde herbeigerufen, um sich an der Diskussion zu beteiligen.

Mr. Huxter naturally followed over in the course of a few minutes. 18.6

Mr. Huxter folgte ihm natürlich im Laufe einiger Minuten.

The Anglo-Saxon genius for parliamentary government asserted itself; 18.7

Das angelsächsische Genie des parlamentarischen Regierens setzte sich durch;

there was a great deal of talk and no decisive action. 18.8

es wurde viel geredet und nicht entschieden gehandelt.

"Let's have the facts first," 18.9

"Wir sollten uns zuerst die Fakten ansehen,"

insisted Mr. Sandy Wadgers. 18.10

forderte Sandy Wadgers.

"Let's be sure we'd be acting perfectly right in bustin' that there door open. 18.11

"Wir müssen sicher sein, dass wir richtig handeln, wenn wir diese Tür aufbrechen.

18.12 A door onbust is always open to bustin', but ye can't onbust a door once you've busted en. "

Eine aufgebrochene Tür kann immer aufgebrochen werden, aber man kann eine Tür nicht mehr aufbrechen, wenn man sie aufgebrochen hat. "

19.1 And suddenly and most wonderfully the door of the room upstairs opened of its own accord, and as they looked up in amazement, they saw descending the stairs the muffled figure of the stranger staring more blackly and blankly than ever with those unreasonably large blue glass eyes of his.

Und plötzlich öffnete sich auf wundersame Weise die Tür des oberen Zimmers von selbst, und als sie erstaunt aufblickten, sahen sie die gedämpfte Gestalt des Fremden die Treppe hinuntersteigen, der mit seinen unangemessen großen blauen Glasaugen noch schwärzer und leerer als sonst starrte.

19.2 He came down stiffly and slowly, staring all the time;

Er kam steif und langsam herunter und starrte die ganze Zeit vor sich hin;

19.3 he walked across the passage staring, then stopped.

er ging starr durch den Gang und blieb dann stehen.

20.1 "Look there!" he said,

"Seht dort!" sagte er,

20.2 and their eyes followed the direction of his gloved finger and saw a bottle of sarsaparilla hard by the cellar door.

und ihre Augen folgten der Richtung seines behandschuhten Fingers und sahen eine Flasche Sarsaparille hart neben der Kellertür.

Then he entered the parlour, and suddenly, swiftly, viciously, slammed the door in their faces.

20.3

Dann betrat er die Stube und schlug ihnen plötzlich, schnell und bösartig, die Tür vor der Nase zu.

Not a word was spoken until the last echoes of the slam had died away.

21.1

Kein Wort wurde gesprochen, bis der letzte Nachhall des Aufpralls verklungen war.

They stared at one another. "Well,

21.2

Sie starrten sich gegenseitig an. "Na,

if that don't lick everything!"

21.3

wenn das nicht alles leckt!"

said Mr. Wadgers, and left the alternative unsaid.

21.4

sagte Mr. Wadgers und ließ die Alternative ungesagt.

"I'd go in and ask'n 'bout it," said Wadgers, to Mr. Hall.

22.1

"Ich würde reingehen und danach fragen," sagte Wadgers zu Mr. Hall.

"I'd d'mand an explanation."

22.2

"Ich würde eine Erklärung verlangen."

It took some time to bring the landlady's husband up to that pitch.

23.1

Es dauerte einige Zeit, bis der Ehemann der Vermieterin auf diesen Stand gebracht wurde.

At last he rapped, opened the door, and got as far as:

23.2

Schließlich klopfte er, öffnete die Tür und kam bis zu den Worten:

23.3   "Excuse me — "

"Entschuldigen Sie — "

24.1   "Go to the devil!" said the stranger in a tremendous voice, and

"Geh zum Teufel!" sagte der Fremde mit gewaltiger Stimme, und

24.2   "Shut that door after you." So that brief interview terminated.

"mach die Tür hinter dir zu." So endete dieses kurze Gespräch.

CHAPTER VII. THE UNVEILING OF THE STRANGER

KAPITEL VII. DIE ENTSCHLEIERUNG DES FREMDEN

1.1 The stranger went into the little parlour of the

Der Fremde ging gegen halb sechs Uhr morgens in die kleine Stube des

1.2 "Coach and Horses"

"Coach and Horses,"

1.3 about half-past five in the morning, and there he remained until near midday, the blinds down, the door shut, and none, after Hall's repulse, venturing near him.

und dort blieb er bis gegen Mittag, die Jalousien heruntergelassen, die Tür geschlossen und niemand wagte sich nach Halls Zurückweisung in seine Nähe.

2.1 All that time he must have fasted.

Die ganze Zeit über muss er gefastet haben.

Thrice he rang his bell, the third time furiously and continuously, but no one answered him.

2.2

Dreimal läutete er, das dritte Mal wütend und ununterbrochen, aber niemand antwortete ihm.

"Him and his 'go to the devil' indeed!" said Mrs. Hall.

2.3

"Der und sein 'Geh zum Teufel'!" sagte Frau Hall.

Presently came an imperfect rumour of the burglary at the vicarage,

2.4

Bald kam ein unvollständiges Gerücht über den Einbruch im Pfarrhaus auf,

and two and two were put together.

2.5

und so wurden zwei und zwei zusammengezählt.

Hall, assisted by Wadgers, went off to find Mr. Shuckleforth, the magistrate, and take his advice.

2.6

Hall machte sich mit Wadgers auf den Weg, um Mr. Shuckleforth, den Magistrat, aufzusuchen und seinen Rat einzuholen.

No one ventured upstairs.

2.7

Niemand wagte es, die Treppe hinaufzugehen.

How the stranger occupied himself is unknown.

2.8

Wie der Fremde sich beschäftigte, ist unbekannt.

Now and then he would stride violently up and down, and twice came an outburst of curses, a tearing of paper, and a violent smashing of bottles.

2.9

Ab und zu schritt er heftig auf und ab, und zweimal kam es zu einem Ausbruch von Flüchen, einem Zerreißen von Papier und einem heftigen Zerschlagen von Flaschen.

3.1 **The little group of scared but curious people increased.**

Die kleine Gruppe verängstigter, aber neugieriger Menschen vergrößerte sich.

3.2 **Mrs. Huxter came over;**

Mrs. Huxter kam herüber;

3.3 **some gay young fellows resplendent in black ready-made jackets and piqué paper ties -**

einige fröhliche junge Leute in schwarzen Konfektionsjacken und Piqué- Papierkrawatten -

3.4 **for it was Whit Monday -**

es war Pfingstmontag -

3.5 **joined the group with confused interrogations.**

schlossen sich der Gruppe an und stellten verwirrte Fragen.

3.6 **Young Archie Harker distinguished himself by going up the yard and trying to peep under the window-blinds.**

Der junge Archie Harker tat sich hervor, indem er den Hof hinaufging und versuchte, unter die Jalousien zu spähen.

3.7 **He could see nothing, but gave reason for supposing that he did, and others of the Iping youth presently joined him.**

Er konnte nichts sehen, gab aber Grund zu der Annahme, dass er etwas sah, und andere Jugendliche aus Iping schlossen sich ihm an.

It was the finest of all possible Whit Mondays, and down the village street stood a row of nearly a dozen booths, a shooting gallery, and on the grass by the forge were three yellow and chocolate waggons and some picturesque strangers of both sexes putting up a cocoanut shy.

4.1

Es war der schönste aller möglichen Pfingstmontage, und auf der Dorfstraße standen eine Reihe von fast einem Dutzend Buden, eine Schießbude, und auf der Wiese bei der Schmiede standen drei gelbe und schokoladenfarbene Wagen und einige pittoreske Fremde beiderlei Geschlechts, die eine Kokosnussscheue aufbauten.

The gentlemen wore blue jerseys,

4.2

Die Herren trugen blaue Trikots,

the ladies white aprons and quite fashionable hats with heavy plumes.

4.3

die Damen weiße Schürzen und recht modische Hüte mit schweren Federn.

Wodger, of the "Purple Fawn,"

4.4

Wodger vom "Purple Fawn"

and Mr. Jaggers, the cobbler, who also sold old second-hand ordinary bicycles, were stretching a string of union-jacks and royal ensigns (which had originally celebrated the first Victorian Jubilee) across the road.

4.5

und Mr. Jaggers, der Schuster, der auch alte, gebrauchte Fahrräder verkaufte, spannten eine Kette aus Union-Jacks und königlichen Fähnchen (die ursprünglich das erste viktorianische Jubiläum gefeiert hatten) über die Straße.

5.1 And inside, in the artificial darkness of the parlour, into which only one thin jet of sunlight penetrated, the stranger, hungry we must suppose, and fearful, hidden in his uncomfortable hot wrappings, pored through his dark glasses upon his paper or chinked his dirty little bottles, and occasionally swore savagely at the boys, audible if invisible, outside the windows.

Und drinnen, in der künstlichen Dunkelheit der Stube, in die nur ein dünner Sonnenstrahl eindrang, stöberte der Fremde, wohl hungrig und ängstlich, versteckt in seinen ungemütlichen, warmen Umhüllungen, durch seine dunkle Brille in seinem Papier oder klimperte mit seinen schmutzigen Fläschchen und fluchte gelegentlich wild auf die Jungen, die hörbar, wenn auch unsichtbar, vor den Fenstern standen.

5.2 In the corner by the fireplace lay the fragments of half a dozen smashed bottles,

In der Ecke neben dem Kamin lagen die Scherben von einem halben Dutzend zerbrochener Flaschen,

5.3 and a pungent twang of chlorine tainted the air.

und ein stechender Chlorgeruch verpestete die Luft.

5.4 So much we know from what was heard at the time and from what was subsequently seen in the room.

So viel wissen wir von dem, was wir damals hörten, und von dem, was wir später in dem Zimmer sahen.

6.1 About noon he suddenly opened his parlour door and stood glaring fixedly at the three or four people in the bar.

Gegen Mittag öffnete er plötzlich die Tür zu seinem Wohnzimmer und starrte die drei oder vier Personen in der Bar an.

"Mrs. Hall," he said. 6.2

"Mrs. Hall," sagte er.

Somebody went sheepishly and called for Mrs. Hall. 6.3

Jemand ging verlegen und rief nach Mrs. Hall.

Mrs. Hall appeared after an interval, a little short of 7.1
breath, but all the fiercer for that.

Frau Hall erschien nach einer Pause, etwas kurzatmig, aber
dafür umso heftiger.

Hall was still out. 7.2

Hall war immer noch nicht da.

She had deliberated over this scene, 7.3

Sie hatte über diese Szene nachgedacht und kam mit einem
kleinen Tablett,

and she came holding a little tray with an unsettled 7.4
bill upon it.

auf dem eine unbezahlte Rechnung lag.

"Is it your bill you're wanting, sir?" she said. 7.5

"Sie wollen Ihre Rechnung, Sir?" fragte sie.

"Why wasn't my breakfast laid? 8.1

"Warum wurde mein Frühstück nicht gedeckt?

Why haven't you prepared my meals and answered 8.2
my bell?

Warum hast du mir kein Essen zubereitet und nicht auf
mein Klingeln geantwortet?

Do you think I live without eating?" 8.3

Denkst du, ich lebe, ohne zu essen?"

9.1 "Why isn't my bill paid?" said Mrs. Hall.

"Warum ist meine Rechnung nicht bezahlt?" fragte Mrs. Hall.

9.2 "That's what I want to know."

"Das möchte ich auch wissen."

10.1 "I told you three days ago I was awaiting a remittance — "

"Ich sagte Ihnen vor drei Tagen, dass ich auf eine Überweisung warte — "

11.1 "I told you two days ago I wasn't going to await no remittances.

"Ich habe dir schon vor zwei Tagen gesagt, dass ich nicht auf eine Überweisung warten werde.

11.2 You can't grumble if your breakfast waits a bit, if my bill's been waiting these five days, can you?"

Du kannst dich doch nicht beschweren, wenn dein Frühstück etwas auf sich warten lässt, wenn meine Rechnung seit fünf Tagen auf sich warten lässt, oder?"

12.1 The stranger swore briefly but vividly.

Der Fremde fluchte kurz, aber eindringlich.

13.1 "Nar, nar!" from the bar.

"Nar, nar!" von der Bar.

14.1 "And I'd thank you kindly, sir, if you'd keep your swearing to yourself, sir,"

"Und ich wäre Ihnen sehr dankbar, Sir, wenn Sie Ihre Flüche für sich behalten würden, Sir,"

said Mrs. Hall.
14.2
sagte Mrs. Hall.

The stranger stood looking more like an angry diving-helmet than ever.
15.1
Der Fremde stand da und sah mehr denn je wie ein wütender Taucherhelm aus.

It was universally felt in the bar that Mrs. Hall had the better of him.
15.2
In der Bar war man allgemein der Meinung, dass Mrs. Hall ihn übertrumpft hatte.

His next words showed as much.
15.3
Das zeigten auch seine nächsten Worte.

"Look here, my good woman — " he began.
16.1
"Hören Sie, meine gute Frau," begann er.

"Don't 'good woman' me," said Mrs. Hall.
17.1
"Sag nicht 'gute Frau' zu mir," sagte Mrs. Hall.

"I've told you my remittance hasn't come."
18.1
"Ich habe Ihnen gesagt, dass meine Überweisung nicht gekommen ist."

"Remittance indeed!" said Mrs. Hall.
19.1
"In der Tat, eine Überweisung!" sagte Frau Hall.

"Still, I daresay in my pocket — "
20.1
"Dennoch, ich wage zu behaupten, dass in meiner Tasche — "

21.1 "You told me three days ago that you hadn't anything but a sovereign's worth of silver upon you."

"Du hast mir vor drei Tagen gesagt, dass du nichts weiter als einen Sovereign an Silber bei dir hast."

22.1 "Well, I've found some more — "

"Nun, ich habe noch mehr gefunden — "

23.1 "'Ul-lo!" from the bar.

"'Ul-lo!" von der Bar.

24.1 "I wonder where you found it," said Mrs. Hall.

"Ich frage mich, wo du es gefunden hast," sagte Frau Hall.

25.1 That seemed to annoy the stranger very much.

Das schien den Fremden sehr zu ärgern.

25.2 He stamped his foot. "What do you mean?" he said.

Er stampfte mit dem Fuß auf. "Was meinen Sie?" sagte er.

26.1 "That I wonder where you found it," said Mrs. Hall.

"Dass ich mich frage, woher du das hast," sagte Frau Hall.

26.2 "And before I take any bills or get any breakfasts, or do any such things whatsoever, you got to tell me one or two things I don't understand, and what nobody don't understand, and what everybody is very anxious to understand.

"Und bevor ich irgendwelche Rechnungen annehme oder ein Frühstück bekomme oder sonst irgendetwas tue, müssen Sie mir ein oder zwei Dinge sagen, die ich nicht verstehe, und was niemand versteht, und was jeder sehr gerne verstehen würde.

I want to know what you been doing t'my chair   26.3
upstairs, and I want to know how 'tis your room
was empty, and how you got in again.

Ich will wissen, was du mit meinem Stuhl oben gemacht
hast, und ich will wissen, wie es kommt, dass dein Zimmer
leer war, und wie du wieder hineingekommen bist.

Them as stops in this house comes in by the doors -   26.4

Wer in diesem Haus aufhört, kommt durch die Tür herein -

that's the rule of the house, and that you didn't do,   26.5
and what I want to know is how you did come in.

das ist die Regel des Hauses, und das hast du nicht getan,
und ich will wissen, wie du hereingekommen bist.

And I want to know — "   26.6

Und ich will wissen — "

Suddenly the stranger raised his gloved hands   27.1
clenched, stamped his foot, and said

Plötzlich hob der Fremde die behandschuhten Hände,
stampfte mit dem Fuß auf und sagte

"Stop!"   27.2

"Stopp!"

with such extraordinary violence that he silenced her   27.3
instantly.

und zwar mit einer solchen Heftigkeit, dass sie
augenblicklich verstummte.

"You don't understand," he said,   28.1

"Du verstehst nicht," sagte er,

"who I am or what I am. I'll show you.   28.2

"wer ich bin und was ich bin. Ich werde es dir zeigen.

28.3 **By Heaven! I'll show you."**

Um Himmels willen! Ich werde es dir zeigen."

28.4 **Then he put his open palm over his face and withdrew it.**

Dann legte er seine offene Handfläche über sein Gesicht und zog sie zurück.

28.5 **The centre of his face became a black cavity.**

Die Mitte seines Gesichtes wurde zu einer schwarzen Höhle.

28.6 **"Here," he said.**

"Hier," sagte er.

28.7 **He stepped forward and handed Mrs. Hall something which she, staring at his metamorphosed face, accepted automatically.**

Er trat vor und reichte Mrs. Hall etwas, das sie, die sein verwandeltes Gesicht anstarrte, automatisch annahm.

28.8 **Then, when she saw what it was, she screamed loudly, dropped it, and staggered back.**

Dann, als sie sah, was es war, schrie sie laut auf, ließ es fallen und taumelte zurück.

28.9 **The nose - it was the stranger's nose! pink and shining -**

Die Nase - es war die Nase des Fremden! rosa und glänzend -

28.10 **rolled on the floor.**

rollte auf den Boden.

29.1 **Then he removed his spectacles,**

Dann nahm er seine Brille ab,

and everyone in the bar gasped. 29.2

und alle in der Bar zuckten zusammen.

He took off his hat, and with a violent gesture tore at 29.3
his whiskers and bandages.

Er nahm seinen Hut ab und riss mit einer heftigen Geste an
seinem Bart und seinen Bandagen.

For a moment they resisted him. 29.4

Einen Moment lang wehrten sie sich gegen ihn.

A flash of horrible anticipation passed through the 29.5
bar.

Ein Blitz schrecklicher Erwartung ging durch die Bar.

"Oh, my Gard!" said some one. Then off they came. 29.6

"Oh, mein Gard!" sagte jemand. Dann fuhren sie los.

It was worse than anything. 30.1

Es war schlimmer als alles andere.

Mrs. Hall, standing open-mouthed and horror- 30.2
struck, shrieked at what she saw, and made for the
door of the house.

Frau Hall stand mit offenem Mund und entsetzt über das,
was sie sah, und rannte zur Tür des Hauses.

Everyone began to move. 30.3

Alle setzten sich in Bewegung.

They were prepared for scars, disfigurements, 30.4
tangible horrors, but nothing!

Sie waren auf Narben, Entstellungen, greifbare Schrecken
vorbereitet, aber nichts!

30.5 The bandages and false hair flew across the passage into the bar,

Die Bandagen und falschen Haare flogen über den Gang in die Bar,

30.6 making a hobbledehoy jump to avoid them.

so dass ein humpelnder Hippie ihnen ausweichen musste.

30.7 Everyone tumbled on everyone else down the steps.

Jeder stürzte auf jeden anderen die Treppe hinunter.

30.8 For the man who stood there shouting some incoherent explanation, was a solid gesticulating figure up to the coat-collar of him, and then -

Denn der Mann, der da stand und irgendeine unzusammenhängende Erklärung schrie, war eine feste, gestikulierende Gestalt bis zum Mantelkragen, und dann -

30.9 nothingness, no visible thing at all!

Nichts, überhaupt nichts Sichtbares!

31.1 People down the village heard shouts and shrieks, and looking up the street saw the

Die Leute im Dorf hörten Rufe und Schreie, und als sie die Straße hinaufschauten, sahen sie, wie die

31.2 "Coach and Horses" violently firing out its humanity.

"Coach and Horses" ihre Menschlichkeit heftig herausschoss.

They saw Mrs. Hall fall down and Mr. Teddy Henfrey jump to avoid tumbling over her, and then they heard the frightful screams of Millie, who, emerging suddenly from the kitchen at the noise of the tumult, had come upon the headless stranger from behind. 31.3

Sie sahen, wie Mrs. Hall hinfiel und Mr. Teddy Henfrey sprang, um nicht über sie zu stürzen, und dann hörten sie die furchtbaren Schreie von Millie, die bei dem Lärm des Tumults plötzlich aus der Küche kam und den kopflosen Fremden von hinten angriff.

These increased suddenly. 31.4

Diese wurden plötzlich lauter.

Forthwith everyone all down the street, the sweetstuff seller, cocoanut shy proprietor and his assistant, the swing man, little boys and girls, rustic dandies, smart wenches, smocked elders and aproned gipsies - 32.1

Daraufhin begannen alle die Straße hinunterzulaufen, der Süßigkeitenverkäufer, der schüchterne Kokosnussbesitzer und sein Gehilfe, der Schaukelmann, kleine Jungen und Mädchen, rustikale Dandys, fesche Weiber, gesockelte Ältere und schürzenbewehrte Zigeuner -

began running towards the inn, and in a miraculously short space of time a crowd of perhaps forty people, and rapidly increasing, swayed and hooted and inquired and exclaimed and suggested, in front of Mrs. Hall's establishment. 32.2

sie alle begannen, auf das Gasthaus zuzulaufen, und in einer wundersam kurzen Zeitspanne schwankte und johlte und fragte und rief und schlug vor Mrs. Halls Etablissement vor.

Everyone seemed eager to talk at once, 32.3

Jeder schien sofort reden zu wollen,

32.4 and the result was Babel.
und das Ergebnis war Babel.

32.5 A small group supported Mrs. Hall,
Eine kleine Gruppe unterstützte Frau Hall,

32.6 who was picked up in a state of collapse.
die in einem Zustand des Zusammenbruchs abgeholt
wurde.

32.7 There was a conference, and the incredible evidence
of a vociferous eye-witness.
Es gab eine Konferenz und die unglaubliche Aussage eines
lautstarken Augenzeugen.

32.8 "O Bogey!"
"O Bogey!"

32.9 "What's he been doin', then?"
"Was hat er denn angestellt?"

32.10 "Ain't hurt the girl, 'as 'e?"
"Er hat dem Mädchen doch nichts getan, oder?"

32.11 Run at en with a knife, I believe." No 'ed,
Mit 'nem Messer auf sie losgegangen, glaub ich." Nein,

32.12 I tell ye. I don't mean no manner of speaking.
ich sage dir. Ich meine nicht so, wie ich es sage.

32.13 I mean marn 'ithout a 'ed!"
Ich meine, verdammt noch mal ohne Messer!"

32.14 "Narnsense! 'tis some conjuring trick."
"Narnsense! Das ist ein Taschenspielertrick."

Fetched off 'is wrapping, 'e did — "   32.15
Hat seine Hülle weggeholt, 'e hat — "

In its struggles to see in through the open door, the   33.1
crowd formed itself into a straggling wedge, with the
more adventurous apex nearest the inn.
In ihrem Bemühen, durch die offene Tür zu sehen,
bildete die Menge einen Keil, wobei der abenteuerlichere
Scheitelpunkt dem Gasthaus am nächsten war.

"He stood for a moment, I heerd the gal scream, and   33.2
he turned.
"Er blieb einen Moment stehen, ich hörte das Mädchen
schreien, und er drehte sich um.

I saw her skirts whisk, and he went after her.   33.3
Ich sah ihre Röcke wehen, und er ging ihr nach.

Didn't take ten seconds.   33.4
Es dauerte keine zehn Sekunden.

Back he comes with a knife in uz hand and a loaf;   33.5
Er kommt zurück mit einem Messer in der Hand und einem
Laib;

stood just as if he was staring. Not a moment ago.   33.6
steht da, als ob er starrt. Nicht einen Augenblick zuvor.

Went in that there door. I tell 'e,   33.7
Ging durch die Tür dort. Ich sag's ihm,

'e ain't gart no 'ed at all. You just missed en — "   33.8
er hat gar nichts geahnt. You just missed en — "

34.1 There was a disturbance behind, and the speaker stopped to step aside for a little procession that was marching very resolutely towards the house;

Dahinter gab es einen Aufruhr, und der Redner hielt an, um einer kleinen Prozession Platz zu machen, die sehr entschlossen auf das Haus zuging;

34.2 first Mr. Hall, very red and determined, then Mr. Bobby Jaffers, the village constable, and then the wary Mr. Wadgers.

zuerst Mr. Hall, sehr rot und entschlossen, dann Mr. Bobby Jaffers, der Dorfpolizist, und dann der wachsame Mr. Wadgers.

34.3 They had come now armed with a warrant.

Sie waren jetzt mit einem Durchsuchungsbefehl bewaffnet gekommen.

35.1 People shouted conflicting information of the recent circumstances.

Die Leute riefen widersprüchliche Informationen über die jüngsten Umstände.

35.2 "'Ed or no 'ed," said Jaffers, "I got to

"'Ed oder nicht 'ed," sagte Jaffers, "ich muss

35.3 'rest en, and 'rest en I will."

'rest en, und 'rest en werde ich."

36.1 Mr. Hall marched up the steps,

Mr. Hall marschierte die Treppe hinauf,

36.2 marched straight to the door of the parlour and flung it open.

marschierte geradewegs zur Tür des Wohnzimmers und stieß sie auf.

"Constable," he said, "do your duty."

36.3

"Constable," sagte er, "tun Sie Ihre Pflicht."

Jaffers marched in. Hall next,

37.1

Jaffers marschierte ein. Hall als nächster,

Wadgers last.

37.2

Wadgers als letzter.

They saw in the dim light the headless figure facing them, with a gnawed crust of bread in one gloved hand and a chunk of cheese in the other.

37.3

Im schwachen Licht sahen sie die kopflose Gestalt, die ihnen gegenüberstand, mit einer abgenagten Brotkruste in der einen und einem Stück Käse in der anderen behandschuhten Hand.

"That's him!" said Hall.

38.1

"Das ist er!" sagte Hall.

"What the devil's this?"

39.1

"Was zum Teufel ist das?"

came in a tone of angry expostulation from above the collar of the figure.

39.2

kam es in einem wütenden Ton von oberhalb des Kragens der Figur.

"You're a damned rum customer, mister,"

40.1

"Sie sind ein verdammter Rum-Kunde, Mister,"

said Mr. Jaffers.

40.2

sagte Mr. Jaffers.

40.3 "But 'ed or no 'ed, the warrant says 'body,' and duty's duty — "

"Aber 'ed' oder nicht 'ed,' der Haftbefehl sagt 'Körper,' und Pflicht ist Pflicht — "

41.1 "Keep off!" said the figure, starting back.

"Bleib weg!" sagte die Gestalt und wich zurück.

42.1 Abruptly he whipped down the bread and cheese, and Mr. Hall just grasped the knife on the table in time to save it.

Abrupt schlug er das Brot und den Käse hinunter, und Mr. Hall konnte gerade noch rechtzeitig das Messer auf dem Tisch ergreifen, um es zu retten.

42.2 Off came the stranger's left glove and was slapped in Jaffers' face.

Der Fremde zog seinen linken Handschuh aus und schlug ihn Jaffers ins Gesicht.

42.3 In another moment Jaffers, cutting short some statement concerning a warrant, had gripped him by the handless wrist and caught his invisible throat.

In einem anderen Moment hatte Jaffers, der eine Aussage über einen Haftbefehl abbrach, ihn am handlosen Handgelenk gepackt und seine unsichtbare Kehle erwischt.

42.4 He got a sounding kick on the shin that made him shout, but he kept his grip.

Er bekam einen kräftigen Tritt gegen das Schienbein, der ihn aufschreien ließ, aber er hielt ihn fest.

Hall sent the knife sliding along the table to Wadgers, who acted as goal-keeper for the offensive, so to speak, and then stepped forward as Jaffers and the stranger swayed and staggered towards him, clutching and hitting in.

42.5

Hall ließ das Messer über den Tisch zu Wadgers gleiten, der sozusagen als Torhüter für die Offensive fungierte, und trat dann vor, als Jaffers und der Fremde schwankend und taumelnd auf ihn zukamen, sich umklammerten und einschlugen.

A chair stood in the way,

42.6

Ein Stuhl stand im Weg und ging mit einem Krachen zur Seite,

and went aside with a crash as they came down together.

42.7

als sie gemeinsam zu Boden fielen.

"Get the feet," said Jaffers between his teeth.

43.1

"Nimm die Füße," sagte Jaffers zwischen den Zähnen.

44.1 Mr. Hall, endeavouring to act on instructions, received a sounding kick in the ribs that disposed of him for a moment, and Mr. Wadgers, seeing the decapitated stranger had rolled over and got the upper side of Jaffers, retreated towards the door, knife in hand, and so collided with Mr. Huxter and the Sidderbridge carter coming to the rescue of law and order.

Mr. Hall, der sich bemühte, den Anweisungen Folge zu leisten, erhielt einen kräftigen Tritt in die Rippen, der ihn für einen Moment außer Gefecht setzte, und Mr. Wadgers, der sah, dass der enthauptete Fremde sich überschlagen und Jaffers Oberseite erwischt hatte, zog sich mit dem Messer in der Hand zur Tür zurück und stieß so mit Mr. Huxter und dem Fuhrmann von Sidderbridge zusammen, die zur Rettung von Recht und Ordnung kamen.

44.2 At the same moment down came three or four bottles from the chiffonnier and shot a web of pungency into the air of the room.

Im selben Moment fielen drei oder vier Flaschen aus dem Chiffonnier und versprühten einen Hauch von Schärfe in die Luft des Raumes.

45.1 "I'll surrender,"

"Ich ergebe mich,"

45.2 cried the stranger, though he had Jaffers down, and in another moment he stood up panting, a strange figure, headless and handless -

rief der Fremde, obwohl er Jaffers am Boden hatte, und im nächsten Moment stand er keuchend auf, eine seltsame Gestalt, kopflos und ohne Hände -

45.3 for he had pulled off his right glove now as well as his left.

er hatte jetzt auch den rechten Handschuh ausgezogen.

"It's no good," he said, as if sobbing for breath.   45.4

"Es hat keinen Zweck," sagte er, als ob er nach Luft rang.

It was the strangest thing in the world to hear that   46.1
voice coming as if out of empty space, but the Sussex
peasants are perhaps the most matter-of-fact people
under the sun.

Es war die seltsamste Sache der Welt, diese Stimme zu
hören, die wie aus dem Nichts kam, aber die Bauern von
Sussex sind vielleicht die sachlichsten Menschen unter der
Sonne.

Jaffers got up also and produced a pair of handcuffs.   46.2

Jaffers stand ebenfalls auf und holte ein Paar Handschellen
hervor.

Then he stared.   46.3

Dann starrte er.

"I say!"   47.1

"Ach was!"

said Jaffers, brought up short by a dim realization of   47.2
the incongruity of the whole business,

sagte Jaffers, dem die Ungereimtheit der ganzen
Angelegenheit schlagartig bewusst wurde,

"Darn it!   47.3

"Verdammt!

Can't use 'em as I can see."   47.4

Ich kann sie nicht gebrauchen, soweit ich sehen kann."

48.1 The stranger ran his arm down his waistcoat, and as if by a miracle the buttons to which his empty sleeve pointed became undone.

Der Fremde fuhr mit dem Arm an seiner Weste hinunter, und wie durch ein Wunder lösten sich die Knöpfe, auf die sein leerer Ärmel zeigte.

48.2 Then he said something about his shin, and stooped down.

Dann sagte er etwas über sein Schienbein und bückte sich.

48.3 He seemed to be fumbling with his shoes and socks.

Er schien an seinen Schuhen und Socken herumzufummeln.

49.1 "Why!" said Huxter, suddenly, "that's not a man at all.

"Aber," sagte Huxter plötzlich, "das ist doch gar kein Mann.

49.2 It's just empty clothes.

Das ist nur leere Kleidung.

49.3 Look! You can see down his collar and the linings of his clothes.

Sehen Sie, man kann in den Kragen und das Futter seiner Kleidung sehen.

49.4 I could put my arm — "

Ich könnte meinen Arm hineinlegen — "

50.1 He extended his hand;

Er streckte seine Hand aus;

50.2 it seemed to meet something in mid-air,

sie schien etwas in der Luft zu treffen,

and he drew it back with a sharp exclamation.   50.3

und er zog sie mit einem scharfen Ausruf zurück.

"I wish you'd keep your fingers out of my eye,"   50.4

"Ich wünschte, du würdest deine Finger aus meinen Augen lassen,"

said the aerial voice, in a tone of savage expostulation.   50.5

sagte die Stimme aus der Luft in einem wilden Ton.

"The fact is, I'm all here — head, hands, legs, and all the rest of it, but it happens I'm invisible.   50.6

"Tatsache ist, dass ich ganz hier bin, mit Kopf, Händen, Beinen und dem ganzen Rest, aber zufällig bin ich unsichtbar.

It's a confounded nuisance, but I am.   50.7

Es ist ein verdammtes Ärgernis, aber ich bin es.

That's no reason why I should be poked to pieces by every stupid bumpkin in Iping, is it?"   50.8

Das ist doch kein Grund, warum ich von jedem dummen Tölpel in Iping in Stücke gehauen werden sollte, oder?"

The suit of clothes, now all unbuttoned and hanging loosely upon its unseen supports, stood up, arms akimbo.   51.1

Das Kleidungsstück, das nun aufgeknöpft war und lose an seinen unsichtbaren Trägern hing, stand mit ausgebreiteten Armen auf.

Several other of the men folks had now entered the room,   52.1

Einige andere der Männer hatten inzwischen den Raum betreten,

52.2 so that it was closely crowded. "Invisible, eh?"

so dass er dicht gedrängt war. "Unsichtbar, was?"

52.3 said Huxter, ignoring the stranger's abuse.

sagte Huxter und ignorierte die Beschimpfungen des Fremden.

52.4 "Who ever heard the likes of that?"

"Wer hat so etwas schon einmal gehört?"

53.1 "It's strange, perhaps, but it's not a crime.

"Es ist vielleicht seltsam, aber es ist kein Verbrechen.

53.2 Why am I assaulted by a policeman in this fashion?"

Warum werde ich von einem Polizisten auf diese Weise angegriffen?"

54.1 "Ah! that's a different matter," said Jaffers.

"Ach! Das ist eine andere Sache," sagte Jaffers.

54.2 "No doubt you are a bit difficult to see in this light, but I got a warrant and it's all correct.

"Zweifellos sind Sie bei diesem Licht etwas schwer zu erkennen, aber ich habe einen Durchsuchungsbefehl, und der ist ganz korrekt.

54.3 What I'm after ain't no invisibility, — it's burglary.

Was ich suche, ist keine Unsichtbarkeit, sondern Einbruch.

54.4 There's a house been broke into and money took."

Es wurde in ein Haus eingebrochen und Geld gestohlen."

55.1 "Well?"

"Und?"

"And circumstances certainly point — " 56.1
"Und die Umstände deuten darauf hin — "

"Stuff and nonsense!" said the Invisible Man. 57.1
"Quatsch und Unsinn!" sagte der Unsichtbare.

"I hope so, sir; but I've got my instructions." 58.1
"Das hoffe ich, Sir; aber ich habe meine Anweisungen
bekommen."

"Well," said the stranger, "I'll come. I'll come. 59.1
"Nun," sagte der Fremde, "ich werde kommen. Ich komme.

But no handcuffs." 59.2
Aber keine Handschellen."

"It's the regular thing," said Jaffers. 60.1
"Das ist ganz normal," sagte Jaffers.

"No handcuffs," stipulated the stranger. 61.1
"Keine Handschellen," befahl der Fremde.

"Pardon me," said Jaffers. 62.1
"Verzeihung," sagte Jaffers.

Abruptly the figure sat down, and before any one 63.1
could realise was was being done, the slippers, socks,
and trousers had been kicked off under the table.
Abrupt setzte sich die Gestalt hin, und ehe man sich versah,
waren Hausschuhe, Socken und Hose unter dem Tisch
weggekickt worden.

63.2 Then he sprang up again and flung off his coat.
Dann sprang er wieder auf und warf seinen Mantel ab.

64.1 "Here, stop that," said Jaffers,
"Hier, hören Sie auf," sagte Jaffers und begriff plötzlich,

64.2 suddenly realising what was happening.
was geschah.

64.3 He gripped at the waistcoat; it struggled,
Er griff nach der Weste; sie zappelte,

64.4 and the shirt slipped out of it and left it limp and empty in his hand.
und das Hemd glitt aus ihr heraus und ließ sie schlaff und leer in seiner Hand zurück.

64.5 "Hold him!" said Jaffers, loudly.
"Haltet ihn!" sagte Jaffers laut.

64.6 "Once he gets the things off -"
"Sobald er die Sachen los ist -"

65.1 "Hold him!"
"Haltet ihn!"

65.2 cried everyone, and there was a rush at the fluttering white shirt which was now all that was visible of the stranger.
riefen alle, und man stürzte sich auf das flatternde weiße Hemd, das nun alles war, was man von dem Fremden sehen konnte.

The shirt-sleeve planted a shrewd blow in Hall's face that stopped his open-armed advance, and sent him backward into old Toothsome the sexton, and in another moment the garment was lifted up and became convulsed and vacantly flapping about the arms, even as a shirt that is being thrust over a man's head. 66.1

Der Hemdsärmel versetzte Hall einen gewitzten Schlag ins Gesicht, der seinen Vorstoß mit offenem Arm stoppte und ihn rückwärts in den alten Toothsome, den Küster, schickte, und in einem anderen Moment wurde das Kleidungsstück hochgehoben und flatterte krampfhaft und leer um die Arme, so wie ein Hemd, das einem Mann über den Kopf gestülpt wird.

Jaffers clutched at it, 66.2

Jaffers klammerte sich daran fest und half nur,

and only helped to pull it off; 66.3

es herunterzuziehen;

he was struck in the mouth out of the air, and incontinently threw his truncheon and smote Teddy Henfrey savagely upon the crown of his head. 66.4

er wurde aus der Luft auf den Mund geschlagen und warf unablässig seinen Knüppel und schlug Teddy Henfrey wild auf den Scheitel.

"Look out!" said everybody, 67.1

"Pass auf!" sagten alle,

fencing at random and hitting at nothing. "Hold him! 67.2

fechteten wahllos und trafen ins Leere. "Haltet ihn!

Shut the door! Don't let him loose! I got something! 67.3

Schließt die Tür! Lasst ihn nicht los! Ich habe etwas!

67.4 Here he is!" A perfect Babel of noises they made.

Hier ist er!" Sie machten ein wahres Babel von Geräuschen.

67.5 Everybody, it seemed, was being hit all at once, and Sandy Wadgers, knowing as ever and his wits sharpened by a frightful blow in the nose, reopened the door and led the rout.

Jeder, so schien es, wurde auf einmal getroffen, und Sandy Wadgers, wissend wie immer und seinen Verstand geschärft durch einen furchtbaren Schlag auf die Nase, öffnete die Tür wieder und führte die Flucht an.

67.6 The others, following incontinently, were jammed for a moment in the corner by the doorway.

Die anderen, die unaufhaltsam folgten, wurden für einen Moment in der Ecke neben der Tür eingeklemmt.

67.7 The hitting continued.

Die Schläge gingen weiter.

67.8 Phipps, the Unitarian, had a front tooth broken, and Henfrey was injured in the cartilage of his ear.

Phipps, dem Unitarier, wurde ein Vorderzahn abgebrochen, und Henfrey wurde am Knorpel seines Ohrs verletzt.

67.9 Jaffers was struck under the jaw, and, turning, caught at something that intervened between him and Huxter in the mêlée, and prevented their coming together.

Jaffers wurde unter dem Kiefer getroffen, drehte sich um und blieb an etwas hängen, das sich zwischen ihn und Huxter drängte und verhinderte, dass sie zusammenkamen.

He felt a muscular chest, and in another moment the
whole mass of struggling, excited men shot out into
the crowded hall.

67.10

Er spürte eine muskulöse Brust, und im nächsten Moment
schoss die ganze Masse der kämpfenden, aufgeregten
Männer in den überfüllten Saal hinaus.

"I got him!"

68.1

"Ich habe ihn erwischt!"

shouted Jaffers, choking and reeling through them
all, and wrestling with purple face and swelling veins
against his unseen enemy.

68.2

schrie Jaffers, der sich durch alle hindurchschlängelte und
mit violettem Gesicht und geschwollenen Adern gegen
seinen unsichtbaren Feind kämpfte.

Men staggered right and left as the extraordinary
conflict swayed swiftly towards the house door,

69.1

Die Männer taumelten nach rechts und links,

and went spinning down the half-dozen steps of the
inn.

69.2

als der außergewöhnliche Konflikt rasant auf die Haustür
zusteuerte und das halbe Dutzend Stufen des Gasthauses
hinunterwirbelte.

Jaffers cried in a strangled voice — holding tight,
nevertheless, and making play with his knee — spun
around, and fell heavily undermost with his head on
the gravel.

69.3

Jaffers schrie mit erstickter Stimme, hielt sich dennoch
fest und spielte mit seinem Knie, drehte sich und fiel
schwer mit dem Kopf auf den Kiesboden.

69.4 Only then did his fingers relax.

Erst dann entspannten sich seine Finger.

70.1 There were excited cries of "Hold him!"

Es gab aufgeregte Rufe wie "Haltet ihn!"

70.2 "Invisible!"

"Unsichtbar!"

70.3 and so forth, and a young fellow, a stranger in the place whose name did not come to light, rushed in at once, caught something, missed his hold, and fell over the constable's prostrate body.

und so weiter, und ein junger Bursche, ein Fremder im Ort, dessen Name nicht bekannt wurde, stürzte sofort hinein, fing etwas, verfehlte seinen Halt und fiel über den am Boden liegenden Körper des Wachtmeisters.

70.4 Half-way across the road a woman screamed as something pushed by her;

Auf halbem Weg über die Straße schrie eine Frau auf, als etwas sie umstieß;

70.5 a dog, kicked apparently, yelped and ran howling into Huxter's yard, and with that the transit of the Invisible Man was accomplished.

ein Hund, der offenbar getreten worden war, kläffte auf und rannte heulend in Huxters Hof, und damit war der Durchgang des unsichtbaren Mannes vollendet.

70.6 For a space people stood amazed and gesticulating, and then came panic, and scattered them abroad through the village as a gust scatters dead leaves.

Eine Zeit lang standen die Leute staunend und gestikulierend da, dann kam die Panik und verstreute sie im Dorf, wie eine Windböe totes Laub verstreut.

But Jaffers lay quite still, face upward and knees bent,   71.1
at the foot of the steps of the inn.

Aber Jaffers lag ganz still, mit dem Gesicht nach oben und
den Knien gebeugt, am Fuße der Treppe des Gasthauses.

CHAPTER VIII. IN TRANSIT

KAPITEL VIII. UNTERWEGS

1.1 The eighth chapter is exceedingly brief, and relates that Gibbons, the amateur naturalist of the district, while lying out on the spacious open downs without a soul within a couple of miles of him, as he thought, and almost dozing, heard close to him the sound as of a man coughing, sneezing, and then swearing savagely to himself;

Das achte Kapitel ist äußerst kurz und berichtet, dass Gibbons, der Amateur-Naturforscher der Gegend, während er draußen auf der weiten, offenen Wiese lag, ohne eine Menschenseele im Umkreis von ein paar Meilen, wie er dachte, und fast döste, in seiner Nähe das Geräusch eines Mannes hörte, der hustete, nieste und dann wild vor sich hin fluchte;

1.2 and looking, beheld nothing.

und als er hinschaute, sah er nichts.

1.3 Yet the voice was indisputable.

Doch die Stimme war unüberhörbar.

It continued to swear with that breadth and variety
that distinguishes the swearing of a cultivated man. 1.4

Sie fluchte weiter mit jener Breite und Vielfalt, die das
Fluchen eines kultivierten Menschen auszeichnet.

It grew to a climax, diminished again, and died 1.5
away in the distance, going as it seemed to him in
the direction of Adderdean.

Sie steigerte sich zu einem Höhepunkt, verringerte
sich wieder und verschwand in der Ferne, in Richtung
Adderdean, wie es ihm schien.

It lifted to a spasmodic sneeze and ended. 1.6

Es steigerte sich zu einem krampfhaften Niesen und endete.

Gibbons had heard nothing of the morning's 1.7
occurrences, but the phenomenon was so striking
and disturbing that his philosophical tranquillity
vanished;

Gibbons hatte nichts von den morgendlichen Ereignissen
gehört, aber das Phänomen war so auffallend und
beunruhigend, dass seine philosophische Ruhe
verschwand;

he got up hastily, and hurried down the steepness of 1.8
the hill towards the village, as fast as he could go.

er stand eilig auf und eilte den steilen Hügel hinunter in
Richtung des Dorfes, so schnell er nur konnte.

CHAPTER IX. MR. THOMAS MARVEL

KAPITEL IX. MR. THOMAS MARVEL

1.1 You must picture Mr. Thomas Marvel as a person of copious, flexible visage, a nose of cylindrical protrusion, a liquorish, ample, fluctuating mouth, and a beard of bristling eccentricity.

Man muss sich Herrn Thomas Marvel als eine Person mit einem üppigen, biegsamen Gesicht, einer zylindrisch vorspringenden Nase, einem flüssigen, weiten, schwankenden Mund und einem Bart von struppiger Exzentrik vorstellen.

1.2 His figure inclined to embonpoint;

Seine Figur neigte zum Embonpoint;

1.3 his short limbs accentuated this inclination.

seine kurzen Gliedmaßen verstärkten diese Neigung noch.

He wore a furry silk hat, and the frequent substitution of twine and shoe-laces for buttons, apparent at critical points of his costume, marked a man essentially bachelor.

1.4

Er trug einen pelzigen Seidenhut, und die häufige Ersetzung der Knöpfe durch Schnüre und Schnürsenkel, die an kritischen Stellen seiner Kleidung zu sehen waren, wiesen auf einen Mann hin, der im Wesentlichen Junggeselle war.

Mr. Thomas Marvel was sitting with his feet in a ditch by the roadside over the down towards Adderdean,

2.1

Mr. Thomas Marvel saß mit den Füßen in einem Graben am Straßenrand über dem Abhang nach Adderdean,

about a mile and a half out of Iping.

2.2

etwa anderthalb Meilen außerhalb von Iping.

His feet, save for socks of irregular open-work, were bare, his big toes were broad, and pricked like the ears of a watchful dog.

2.3

Seine Füße waren bis auf die unregelmäßig durchbrochenen Socken nackt, die großen Zehen waren breit und spitz wie die Ohren eines wachsamen Hundes.

In a leisurely manner -

2.4

In aller Ruhe -

he did everything in a leisurely manner -

2.5

er tat alles in aller Ruhe -

he was contemplating trying on a pair of boots.

2.6

überlegte er, ob er ein Paar Stiefel anprobieren sollte.

2.7 They were the soundest boots he had come across for a long time, but too large for him;

Es waren die solidesten Stiefel, die er seit langem gesehen hatte, aber zu groß für ihn;

2.8 whereas the ones he had were, in dry weather, a very comfortable fit, but too thin-soled for damp.

die, die er hatte, waren bei trockenem Wetter sehr bequem, aber zu dünn besohlt für Feuchtigkeit.

2.9 Mr. Thomas Marvel hated roomy shoes,

Mr. Thomas Marvel hasste geräumige Schuhe,

2.10 but then he hated damp.

aber er hasste auch Feuchtigkeit.

2.11 He had never properly thought out which he hated most, and it was a pleasant day, and there was nothing better to do.

Er hatte sich nie genau überlegt, was er mehr hasste, und es war ein schöner Tag, und es gab nichts Besseres zu tun.

2.12 So he put the four shoes in a graceful group on the turf and looked at them.

Also stellte er die vier Schuhe in einer anmutigen Gruppe auf den Rasen und betrachtete sie.

2.13 And seeing them there among the grass and springing agrimony, it suddenly occurred to him that both pairs were exceedingly ugly to see.

Und als er sie dort zwischen dem Gras und den sprießenden Gräsern sah, fiel ihm plötzlich ein, dass beide Paare äußerst hässlich anzusehen waren.

2.14 He was not at all startled by a voice behind him.

Eine Stimme hinter ihm schreckte ihn nicht im Geringsten auf.

"They're boots, anyhow," said the Voice. 3.1
"Es sind jedenfalls Stiefel," sagte die Stimme.

"They are — charity boots," 4.1
"Das sind Wohltätigkeitsstiefel,"

said Mr. Thomas Marvel, with his head on one side 4.2
regarding them distastefully;
sagte Mr. Thomas Marvel und betrachtete sie mit
angewidertem Blick;

"and which is the ugliest pair in the whole blessed 4.3
universe,
"und welches das hässlichste Paar im ganzen gesegneten
Universum ist,

I'm darned if I know!" 4.4
weiß ich auch nicht!"

"H'm," said the Voice. 5.1
"Hm," sagte die Stimme.

"I've worn worse - 6.1
"Ich habe schon Schlimmeres getragen -

in fact, I've worn none. 6.2
eigentlich habe ich nichts getragen.

But none so owdacious ugly - 6.3
Aber keine so ekelhaft hässliche -

if you'll allow the expression. 6.4
wenn Sie den Ausdruck gestatten.

I've been cadging boots — in particular — for days. 6.5
Ich schnorre schon seit Tagen vor allem Stiefel.

6.6 Because I was sick of them. They're sound enough, of course.

Weil ich sie satt hatte. Sie sind natürlich gut genug.

6.7 But a gentleman on tramp sees such a thundering lot of his boots.

Aber ein Gentleman auf Wanderschaft sieht so einen donnernden Haufen Stiefel.

6.8 And if you'll believe me, I've raised nothing in the whole blessed country, try as I would, but them.

Und glauben Sie mir, ich habe im ganzen gesegneten Land nichts anderes aufgezogen als sie.

6.9 Look at 'em!

Seht sie euch an!

6.10 And a good country for boots, too, in a general way.

Und es ist ein gutes Land für Stiefel, im Großen und Ganzen.

6.11 But it's just my promiscuous luck.

Aber das ist mein Glück, dass ich so vielseitig bin.

6.12 I've got my boots in this country ten years or more.

Ich habe meine Stiefel schon zehn Jahre oder länger in diesem Land.

6.13 And then they treat you like this."

Und dann behandeln sie dich so."

7.1 "It's a beast of a country," said the Voice.

"Es ist eine Bestie von einem Land," sagte die Stimme.

7.2 "And pigs for people."

"Und Schweine als Menschen."

"Ain't it?" said Mr. Thomas Marvel. "Lord!

8.1

"Nicht wahr?" sagte Mr. Thomas Marvel. "Mein Gott!

But them boots! It beats it."

8.2

Aber diese Stiefel! Das übertrifft alles."

He turned his head over his shoulder to the right, to look at the boots of his interlocutor with a view to comparisons, and lo!

9.1

Er drehte den Kopf über die Schulter nach rechts, um die Stiefel seines Gesprächspartners vergleichend zu betrachten, und siehe da!

where the boots of his interlocutor should have been were neither legs nor boots.

9.2

wo die Stiefel seines Gesprächspartners hätten sein sollen, waren weder Beine noch Stiefel.

He was irradiated by the dawn of a great amazement.

9.3

Er wurde von einem großen Erstaunen übermannt.

"Where are yer?"

9.4

"Wo bist du?"

said Mr. Thomas Marvel over his shoulder and coming on all fours.

9.5

fragte Mr. Thomas Marvel über seine Schulter und kam auf allen Vieren.

He saw a stretch of empty downs with the wind swaying the remote green-pointed furze bushes.

9.6

Er sah eine leere Wiese, auf der der Wind die abgelegenen, grünspitzigen Fuchsbüsche bewegte.

"Am I drunk?" said Mr. Marvel.

10.1

"Bin ich betrunken?" fragte Mr. Marvel.

10.2   "Have I had visions? Was I talking to myself?
"Hatte ich Visionen? Habe ich mit mir selbst gesprochen?

10.3   What the — "
Was zum — "

11.1   "Don't be alarmed," said a Voice.
"Erschrecken Sie nicht," sagte eine Stimme.

12.1   "None of your ventriloquising me,"
"Sie brauchen mir nichts vorzumachen,"

12.2   said Mr. Thomas Marvel, rising sharply to his feet.
sagte Mr. Thomas Marvel und erhob sich energisch auf die Füße.

12.3   "Where are yer? Alarmed, indeed!"
"Wo sind Sie? Erschrocken, in der Tat!"

13.1   "Don't be alarmed," repeated the Voice.
"Erschrecken Sie nicht," wiederholte die Stimme.

14.1   "You'll be alarmed in a minute, you silly fool,"
"Du wirst dich gleich erschrecken, du Dummkopf,"

14.2   said Mr. Thomas Marvel. "Where are yer?
sagte Mr. Thomas Marvel. "Wo bist du?

14.3   Lemme get my mark on yer ...
Lassen Sie mich Ihnen mein Zeichen geben ...

15.1   "Are yer buried?"
"Sind Sie begraben?"

said Mr. Thomas Marvel, after an interval. 15.2
fragte Mr. Thomas Marvel nach einer Pause.

There was no answer. 16.1
Es kam keine Antwort.

Mr. Thomas Marvel stood bootless and amazed, 16.2
Mr. Thomas Marvel stand stiefellos und verblüfft da,

his jacket nearly thrown off. 16.3
seine Jacke fast weggeworfen.

"Peewit," said a peewit, very remote. 17.1
"Kiebitz," sagte ein Kiebitz, sehr weit entfernt.

"Peewit, indeed!" said Mr. Thomas Marvel. 18.1
"Peewit, in der Tat!" sagte Mr. Thomas Marvel.

"This ain't no time for foolery." 18.2
"Jetzt ist nicht die Zeit für Dummheiten."

The down was desolate, east and west, north and 18.3
south;
Die Daunen waren wüst, im Osten und Westen, im Norden
und Süden;

the road with its shallow ditches and white bordering 18.4
stakes, ran smooth and empty north and south, and,
save for that peewit, the blue sky was empty too.
die Straße mit ihren flachen Gräben und den weißen
Pfählen am Rand verlief glatt und leer im Norden und
Süden, und außer dem Kiebitz war auch der blaue Himmel
leer.

"So help me," 18.5
"So wahr mir Gott helfe,"

18.6 said Mr. Thomas Marvel, shuffling his coat on to his shoulders again.

sagte Mr. Thomas Marvel und schlug sich den Mantel wieder auf die Schultern.

18.7 "It's the drink! I might ha' known."

"Es ist der Drink! Ich hätte es wissen müssen."

19.1 "It's not the drink," said the Voice.

"Es ist nicht das Getränk," sagte die Stimme.

19.2 "You keep your nerves steady."

"Sie halten Ihre Nerven ruhig."

20.1 "Ow!" said Mr. Marvel,

"Au!" sagte Mr. Marvel,

20.2 and his face grew white amidst its patches.

und sein Gesicht wurde weiß inmitten seiner Flecken.

20.3 "It's the drink!" his lips repeated noiselessly.

"Es ist das Getränk!" wiederholten seine Lippen geräuschlos.

20.4 He remained staring about him, rotating slowly backwards.

Er starrte weiter um sich und drehte sich langsam rückwärts.

20.5 "I could have swore I heard a voice,"

"Ich könnte schwören, dass ich eine Stimme gehört habe,"

20.6 he whispered.

flüsterte er.

"Of course you did."

21.1

"Natürlich hast du das."

"It's there again," said Mr. Marvel,

22.1

"Da ist es wieder," sagte Mr. Marvel,

closing his eyes and clasping his hand on his brow
with a tragic gesture.

22.2

schloss die Augen und legte die Hand mit einer tragischen
Geste auf die Stirn.

He was suddenly taken by the collar and shaken
violently,

22.3

Plötzlich wurde er am Kragen gepackt und heftig
geschüttelt,

and left more dazed than ever.

22.4

so dass er noch benommener war als zuvor.

"Don't be a fool," said the Voice.

22.5

"Seien Sie kein Narr," sagte die Stimme.

"I'm — off — my — blooming — chump," said Mr.
Marvel.

23.1

"Ich hab' die Schnauze voll," sagte Mr. Marvel.

"It's no good. It's fretting about them blarsted boots.

23.2

"Es ist nicht gut. Er ärgert sich über die blarsted boots.

I'm off my blessed blooming chump.

23.3

Ich bin von meinem gesegneten blühenden Trottel weg.

Or it's spirits."

23.4

Oder es sind die Geister."

24.1 "Neither one thing nor the other," said the Voice.
"Weder das eine noch das andere," sagte die Stimme.

24.2 "Listen!"
"Hör zu!"

25.1 "Chump," said Mr. Marvel.
"Dummkopf," sagte Mr. Marvel.

26.1 "One minute,"
"Eine Minute,"

26.2 said the Voice, penetratingly, tremulous with self-control.
sagte die Stimme durchdringend und mit zitternder Selbstbeherrschung.

27.1 "Well?" said Mr. Thomas Marvel,
"Nun?" sagte Mr. Thomas Marvel mit dem seltsamen Gefühl,

27.2 with a strange feeling of having been dug in the chest by a finger.
von einem Finger in die Brust gestochen worden zu sein.

28.1 "You think I'm just imagination? Just imagination?"
"Du denkst, ich bin nur Einbildung? Nur Einbildung?"

29.1 "What else can you be?"
"Was könntest du sonst sein?"

29.2 said Mr. Thomas Marvel, rubbing the back of his neck.
sagte Mr. Thomas Marvel und rieb sich den Nacken.

"Very well," said the Voice, in a tone of relief.   30.1

"Nun gut," sagte die Stimme in einem Ton der
Erleichterung.

"Then I'm going to throw flints at you till you think   30.2
differently."

"Dann werde ich mit Feuersteinen nach dir werfen, bis du
anders denkst."

"But where are yer?"   31.1

"Aber wo bist du?"

The Voice made no answer.   32.1

Die Stimme gab keine Antwort.

Whizz came a flint, apparently out of the air, and   32.2
missed Mr. Marvel's shoulder by a hair's-breadth.

Zischend kam ein Feuerstein, scheinbar aus der Luft, und
verfehlte Mr. Marvels Schulter nur um Haaresbreite.

Mr. Marvel, turning, saw a flint jerk up into the air,   32.3
trace a complicated path, hang for a moment, and
then fling at his feet with almost invisible rapidity.

Mr. Marvel drehte sich um und sah, wie ein Feuerstein in
die Luft sprang, einen komplizierten Weg zurücklegte,
einen Moment lang hängen blieb und dann mit fast
unsichtbarer Schnelligkeit auf seine Füße zu schleuderte.

He was too amazed to dodge.   32.4

Er war zu erstaunt, um auszuweichen.

Whizz it came, and ricochetted from a bare toe into   32.5
the ditch.

Es zischte und prallte von einem nackten Zeh in den
Graben ab.

32.6 Mr. Thomas Marvel jumped a foot and howled aloud.

Mr. Thomas Marvel sprang einen Fuß hoch und heulte laut auf.

32.7 Then he started to run, tripped over an unseen obstacle, and came head over heels into a sitting position.

Dann begann er zu rennen, stolperte über ein unsichtbares Hindernis und kam kopfüber in eine sitzende Position.

33.1 "Now," said the Voice,

"Jetzt," sagte die Stimme,

33.2 as a third stone curved upward and hung in the air above the tramp.

als sich ein dritter Stein nach oben wölbte und in der Luft über dem Tramp hing.

33.3 "Am I imagination?"

"Bilde ich mir das nur ein?"

34.1 Mr. Marvel by way of reply struggled to his feet, and was immediately rolled over again.

Mr. Marvel kämpfte sich daraufhin auf die Beine und wurde sofort wieder umgedreht.

34.2 He lay quiet for a moment.

Er blieb einen Moment lang ruhig liegen.

34.3 "If you struggle any more," said the Voice,

"Wenn du dich noch weiter wehrst," sagte die Stimme,

34.4 "I shall throw the flint at your head."

"werde ich dir den Feuerstein an den Kopf werfen."

"It's a fair do, "   35.1

"Das ist eine gute Sache,"

said Mr. Thomas Marvel, sitting up, taking his   35.2
wounded toe in hand and fixing his eye on the third
missile.

sagte Mr. Thomas Marvel, setzte sich auf, nahm seinen
verwundeten Zeh in die Hand und richtete seinen Blick auf
die dritte Rakete.

"I don't understand it.   35.3

"Ich verstehe das nicht.

Stones flinging themselves. Stones talking.   35.4

Steine, die sich selbst schleudern. Steine, die sprechen.

Put yourself down. Rot away. I'm done."   35.5

Legen Sie sich hin. Verrotten Sie. Ich bin fertig."

The third flint fell.   36.1

Der dritte Feuerstein fiel.

"It's very simple," said the Voice.   37.1

"Es ist ganz einfach," sagte die Stimme.

"I'm an invisible man."   37.2

"Ich bin ein unsichtbarer Mann."

"Tell us something I don't know,"   38.1

"Erzählen Sie uns etwas, das ich nicht weiß,"

said Mr. Marvel, gasping with pain.   38.2

sagte Mr. Marvel und keuchte vor Schmerz.

38.3 **"Where you've hid — how you do it — I don't know.**
"Wo ihr euch versteckt habt, wie ihr das macht - ich weiß es nicht.

38.4 **I'm beat."**
Ich bin erledigt."

39.1 **"That's all," said the Voice. "I'm invisible.**
"Das ist alles," sagte die Stimme. "Ich bin unsichtbar.

39.2 **That's what I want you to understand."**
Das ist es, was du verstehen sollst."

40.1 **"Anyone could see that.**
"Das konnte jeder sehen.

40.2 **There is no need for you to be so confounded impatient, mister.**
Es gibt keinen Grund für Sie, so verdammt ungeduldig zu sein, Mister.

40.3 **Now then. Give us a notion. How are you hid?"**
Nun denn. Gebt uns eine Idee. Wie sind Sie versteckt?"

41.1 **"I'm invisible. That's the great point.**
"Ich bin unsichtbar. Das ist der springende Punkt.

41.2 **And what I want you to understand is this — "**
Und ich möchte, dass du Folgendes verstehst — "

42.1 **"But whereabouts?" interrupted Mr. Marvel.**
"Aber wo denn?" unterbrach Mr. Marvel.

"Here! Six yards in front of you."   43.1
"Hier! Sechs Meter vor dir."

"Oh, come! I ain't blind.   44.1
"Ach, komm! Ich bin nicht blind.

You'll be telling me next you're just thin air.   44.2
Als Nächstes erzählst du mir, dass du nur dünne Luft bist.

I'm not one of your ignorant tramps — "   44.3
Ich bin nicht einer deiner ignoranten Landstreicher — "

"Yes, I am — thin air. You're looking through me."   45.1
"Ja, ich bin dünne Luft. Du schaust durch mich hindurch."

"What! Ain't there any stuff to you. Vox et —   46.1
what is it?
"Was! Du hast doch gar nichts zu sagen. Vox et — was ist
das?

— jabber. Is it that?"   46.2
— Geschwätz. Ist es das?"

"I am just a human being -   47.1
"Ich bin nur ein menschliches Wesen -

solid, needing food and drink, needing covering too -   47.2
fest, ich brauche Essen und Trinken, ich brauche auch
Deckung -

But I'm invisible. You see? Invisible. Simple idea.   47.3
aber ich bin unsichtbar. Seht ihr? Unsichtbar. Einfache
Idee.

47.4 Invisible."
Unsichtbar."

48.1 "What, real like?"
"Was, echt wie?"

49.1 "Yes, real."
"Ja, wirklich."

50.1 "Let's have a hand of you," said Marvel,
"Geben Sie mir die Hand," sagte Marvel,

50.2 "if you are real.
"wenn Sie echt sind.

50.3 It won't be so darn out-of-the-way like, then - Lord!"
Dann wird es nicht so verdammt abwegig sein, wie - Herr!"

50.4 he said, "how you made me jump! -
sagte er, "wie du mich zum Springen gebracht hast -

50.5 gripping me like that!"
mich so zu packen!"

51.1 He felt the hand that had closed round his wrist
with his disengaged fingers, and his fingers went
timorously up the arm, patted a muscular chest, and
explored a bearded face.
Er fühlte die Hand, die sich mit seinen gelösten Fingern
um sein Handgelenk geschlossen hatte, und seine Finger
wanderten zaghaft den Arm hinauf, streichelten eine
muskulöse Brust und erkundeten ein bärtiges Gesicht.

51.2 Marvel's face was astonishment.
Marvels Gesicht war voller Erstaunen.

"I'm dashed!" he said.　　52.1

"Ich bin platt!" sagte er.

"If this don't beat cock-fighting! Most remarkable!　　52.2

"Wenn das nicht ein Hahnenkampf ist! Sehr
bemerkenswert!

— And there I can see a rabbit clean through you,　　52.3

Und da sehe ich ein Kaninchen durch dich hindurch,

'arf a mile away! Not a bit of you visible — except — "　　52.4

eine Meile weit weg! Von dir ist nichts zu sehen, außer ..."

He scrutinised the apparently empty space keenly.　　53.1

Er musterte den scheinbar leeren Raum aufmerksam.

"You 'aven't been eatin' bread and cheese?"　　53.2

"Du hast doch nicht etwa Brot und Käse gegessen?"

he asked, holding the invisible arm.　　53.3

fragte er und hielt den unsichtbaren Arm fest.

"You're quite right,　　54.1

"Sie haben recht,

and it's not quite assimilated into the system."　　54.2

und es ist nicht ganz in das System integriert."

"Ah!" said Mr. Marvel. "Sort of ghostly, though."　　55.1

"Ah!" sagte Mr. Marvel. "Aber irgendwie geisterhaft."

"Of course, all this isn't half so wonderful as you　　56.1
think."

"Natürlich ist das alles nicht halb so schön, wie du denkst."

57.1 "It's quite wonderful enough for my modest wants,"
"Für meine bescheidenen Bedürfnisse ist es wunderbar genug,"

57.2 said Mr. Thomas Marvel. "Howjer manage it!
sagte Herr Thomas Marvel. "Wie schaffen Sie das nur!

57.3 How the dooce is it done?"
Wie zum Teufel geht das?"

58.1 "It's too long a story. And besides — "
"Das ist eine zu lange Geschichte. Und außerdem — "

59.1 "I tell you, the whole business fairly beats me,"
"Ich sage Ihnen, die ganze Sache macht mich ziemlich fertig,"

59.2 said Mr. Marvel.
sagte Mr. Marvel.

60.1 "What I want to say at present is this:
"Was ich im Moment sagen möchte, ist Folgendes:

60.2 I need help.
Ich brauche Hilfe.

60.3 I have come to that — I came upon you suddenly.
Ich bin dazu gekommen, dass ich plötzlich auf dich gestoßen bin.

60.4 I was wandering, mad with rage, naked, impotent.
Ich irrte umher, verrückt vor Wut, nackt, ohnmächtig.

60.5 I could have murdered. And I saw you — "
Ich hätte morden können. Und ich sah dich — "

"Lord!" said Mr. Marvel. 61.1
"Mein Gott!" sagte Mr. Marvel.

"I came up behind you — hesitated — went on — " 62.1
"Ich kam von hinten - zögerte - ging auf ..."

Mr. Marvel's expression was eloquent. 63.1
Mr. Marvels Gesichtsausdruck war beredt.

" — then stopped. 'Here,' I said, 64.1
"und hielt dann inne. 'Hier,' sagte ich,

'is an outcast like myself. 64.2
'ist ein Ausgestoßener wie ich.

This is the man for me.' 64.3
Das ist der richtige Mann für mich.'

So I turned back and came to you - you. And — " 64.4
Also kehrte ich um und kam zu dir - zu dir. Und — "

"Lord!" said Mr. Marvel. 65.1
"Mein Gott!" sagte Mr. Marvel.

"But I'm all in a tizzy. May I ask — How is it? 65.2
"Aber ich bin ganz aufgeregt. Darf ich fragen — wie es ist?

And what you may be requiring in the way of help? — 65.3
Invisible!"
Und was brauchen Sie an Hilfe? — Unsichtbar!"

"I want you to help me get clothes — and shelter — 66.1
and then, with other things.
"Ich möchte, dass du mir hilfst, Kleidung und eine
Unterkunft zu besorgen - und dann mit anderen Dingen.

66.2 **I've left them long enough. If you won't -**
Ich habe sie lange genug zurückgelassen. Wenn du nicht
willst -

66.3 **well! But you will - must."**
nun ja! Aber du wirst - musst."

67.1 **"Look here," said Mr. Marvel. "I'm too flabbergasted.**
"Hören Sie," sagte Mr. Marvel. "Ich bin zu verblüfft.

67.2 **Don't knock me about any more.**
Schlagen Sie mich nicht noch mehr um.

67.3 **And leave me go.**
Und lassen Sie mich gehen.

67.4 **I must get steady a bit.**
Ich muss ein bisschen zur Ruhe kommen.

67.5 **And you've pretty near broken my toe.**
Und du hast mir fast den Zeh gebrochen.

67.6 **It's all so unreasonable. Empty downs, empty sky.**
Das ist alles so unvernünftig. Leere Täler, leerer Himmel.

67.7 **Nothing visible for miles except the bosom of Nature.**
Weit und breit nichts zu sehen als den Schoß der Natur.

67.8 **And then comes a voice. A voice out of heaven!**
Und dann kommt eine Stimme. Eine Stimme aus dem
Himmel!

67.9 **And stones! And a fist - Lord!"**
Und Steine! Und eine Faust - Herr!"

68.1 **"Pull yourself together," said the Voice,**
"Reiß dich zusammen," sagte die Stimme,

"for you have to do the job I've chosen for you." 68.2
"denn du musst die Aufgabe erfüllen, die ich für dich
ausgewählt habe."

Mr. Marvel blew out his cheeks, 69.1
Mr. Marvel blies seine Wangen auf,

and his eyes were round. 69.2
und seine Augen waren rund.

"I've chosen you," said the Voice. 70.1
"Ich habe dich auserwählt," sagte die Stimme.

"You are the only man except some of those fools 70.2
down there, who knows there is such a thing as an
invisible man.
"Du bist der einzige Mensch, abgesehen von einigen dieser
Narren da unten, der weiß, dass es so etwas wie einen
unsichtbaren Menschen gibt.

You have to be my helper. Help me - 70.3
Du musst mein Helfer sein. Hilf mir -

and I will do great things for you. 70.4
und ich werde große Dinge für dich tun.

An invisible man is a man of power." 70.5
Ein unsichtbarer Mann ist ein Mann der Macht."

He stopped for a moment to sneeze violently. 70.6
Er hielt einen Moment inne und nieste heftig.

"But if you betray me," he said, 71.1
"Aber wenn Sie mich verraten," sagte er,

71.2 "if you fail to do as I direct you -"
"wenn Sie nicht tun, was ich Ihnen sage -"

71.3 He paused and tapped Mr. Marvel's shoulder smartly.
Er hielt inne und klopfte Mr. Marvel kräftig auf die Schulter.

71.4 Mr. Marvel gave a yelp of terror at the touch.
Mr. Marvel stieß bei dieser Berührung einen Schreckensschrei aus.

71.5 "I don't want to betray you,"
"Ich will Sie nicht verraten,"

71.6 said Mr. Marvel, edging away from the direction of the fingers.
sagte Mr. Marvel und wich dem Finger aus.

71.7 "Don't you go a-thinking that, whatever you do.
"Denken Sie das bloß nicht, was immer Sie auch tun.

71.8 All I want to do is to help you -
Ich will Ihnen nur helfen -

71.9 just tell me what I got to do. (Lord!)
sagen Sie mir einfach, was ich zu tun habe. (Herr!)

71.10 Whatever you want done, that I'm most willing to do."
Was immer Sie wollen, ich bin gerne bereit, es zu tun."

CHAPTER X. MR. MARVEL'S VISIT TO IPING

KAPITEL X. MR. MARVELS BESUCH IN IPING

1.1 **After the first gusty panic had spent itself Iping became argumentative.**
Nachdem sich die erste stürmische Panik gelegt hatte, wurde Iping argumentativ.

1.2 **Scepticism suddenly reared its head -**
Der Skeptizismus meldete sich plötzlich zu Wort -

1.3 **rather nervous scepticism, not at all assured of its back, but scepticism nevertheless.**
ein eher nervöser Skeptizismus, der sich seiner Sache nicht sicher war, aber dennoch skeptisch.

1.4 **It is so much easier not to believe in an invisible man;**
Es ist so viel einfacher, nicht an einen unsichtbaren Mann zu glauben;

and those who had actually seen him dissolve into air, 1.5
or felt the strength of his arm, could be counted on
the fingers of two hands.

und diejenigen, die ihn tatsächlich gesehen hatten,
wie er sich in Luft auflöste, oder die Kraft seines Arms
gespürt hatten, konnte man an den Fingern zweier Hände
abzählen.

And of these witnesses Mr. Wadgers was presently 1.6
missing, having retired impregnably behind the
bolts and bars of his own house, and Jaffers was lying
stunned in the parlour of the

Und von diesen Zeugen war Mr. Wadgers bald
verschwunden, da er sich uneinnehmbar hinter die Riegel
und Gitterstäbe seines Hauses zurückgezogen hatte, und
Jaffers lag betäubt im Salon des

"Coach and Horses." 1.7

"Coach and Horses."

Great and strange ideas transcending experience 1.8
often have less effect upon men and women than
smaller, more tangible considerations.

Große und seltsame Ideen, die über die Erfahrung
hinausgehen, haben oft weniger Wirkung auf Männer
und Frauen als kleinere, greifbarere Überlegungen.

Iping was gay with bunting, 1.9

Iping war mit Wimpeln geschmückt,

and everybody was in gala dress. 1.10

und alle waren festlich gekleidet.

Whit Monday had been looked forward to for a 1.11
month or more.

Auf den Pfingstmontag hatte man sich schon seit einem
Monat oder länger gefreut.

1.12 By the afternoon even those who believed in the Unseen were beginning to resume their little amusements in a tentative fashion, on the supposition that he had quite gone away, and with the sceptics he was already a jest.

Am Nachmittag begannen sogar diejenigen, die an den Unsichtbaren glaubten, ihre kleinen Vergnügungen zaghaft wieder aufzunehmen, in der Annahme, er sei ganz verschwunden, und für die Skeptiker war er bereits ein Witz.

1.13 But people, sceptics and believers alike, were remarkably sociable all that day.

Aber die Leute, Skeptiker wie Gläubige, waren den ganzen Tag über bemerkenswert gesellig.

2.1 Haysman's meadow was gay with a tent, in which Mrs. Bunting and other ladies were preparing tea, while, without, the Sunday-school children ran races and played games under the noisy guidance of the curate and the Misses Cuss and Sackbut.

Auf der Wiese von Haysman war ein Zelt aufgebaut, in dem Mrs. Bunting und andere Damen Tee zubereiteten, während draußen die Kinder der Sonntagsschule unter der lautstarken Anleitung des Pfarrers und der Misses Cuss und Sackbut Rennen liefen und Spiele spielten.

2.2 No doubt there was a slight uneasiness in the air, but people for the most part had the sense to conceal whatever imaginative qualms they experienced.

Zweifellos lag ein leichtes Unbehagen in der Luft, aber die meisten Leute waren so vernünftig, ihre imaginären Bedenken zu verbergen.

On the village green an inclined strong [rope.   2.3

Auf dem Dorfanger gab es ein schräges Seil, an dem man, an einem Flaschenzug hängend, gegen einen Sack am anderen Ende geschleudert werden konnte.

], down which, clinging the while to a pulley-swung   2.4
handle, one could be hurled violently against a sack at the other end, came in for considerable favour among the adolescents, as also did the swings and the cocoanut shies.

Es wurde auch spazieren gegangen, und die an einem kleinen Karussell angebrachte Dampforgel erfüllte die Luft mit einem stechenden Ölgeschmack und ebenso stechender Musik.

There was also promenading, and the steam organ   2.5
attached to a small roundabout filled the air with a pungent flavour of oil and with equally pungent music.

Die Mitglieder des Clubs, die am Morgen die Kirche besucht hatten, sahen in ihren rosa und grünen Abzeichen prächtig aus, und einige der fröhlicheren Gemüter hatten ihre Bowlerhüte mit bunten Bändern geschmückt.

Members of the club, who had attended church in the   2.6
morning, were splendid in badges of pink and green, and some of the gayer-minded had also adorned their bowler hats with brilliant-coloured favours of ribbon.

Der alte Fletcher, der eine strenge Vorstellung von Urlaub hatte, war durch den Jasmin an seinem Fenster oder durch die offene Tür zu sehen (je nachdem, in welche Richtung man schauen wollte).

2.7 Old Fletcher, whose conceptions of holiday-making were severe, was visible through the jasmine about his window or through the open door (whichever way you chose to look), poised delicately on a plank supported on two chairs, and whitewashing the ceiling of his front room.

Er saß auf einem Brett, das auf zwei Stühlen ruhte, und tünchte die Decke seines Vorderzimmers.

3.1 About four o'clock a stranger entered the village from the direction of the downs.

Gegen vier Uhr betrat ein Fremder das Dorf aus der Richtung des Gebirges.

3.2 He was a short, stout person in an extraordinarily shabby top hat, and he appeared to be very much out of breath.

Es war eine kleine, gedrungene Person mit einem außerordentlich schäbigen Zylinder, und er schien sehr außer Atem zu sein.

3.3 His cheeks were alternately limp and tightly puffed.

Seine Wangen waren abwechselnd schlaff und stark aufgeplustert.

3.4 His mottled face was apprehensive,

Sein gesprenkeltes Gesicht wirkte ängstlich,

3.5 and he moved with a sort of reluctant alacrity.

und er bewegte sich mit einer Art widerstrebendem Eifer.

3.6 He turned the corner of the church, and directed his way to the

Er bog um die Ecke der Kirche und lenkte seinen Weg zum

3.7 "Coach and Horses."

"Coach and Horses."

Among others old Fletcher remembers seeing him, and indeed the old gentleman was so struck by his peculiar agitation that he inadvertently allowed a quantity of whitewash to run down the brush into the sleeve of his coat while regarding him.

3.8

Unter anderem erinnert sich der alte Fletcher daran, ihn gesehen zu haben, und in der Tat war der alte Herr von seiner seltsamen Aufregung so beeindruckt, dass er versehentlich eine Menge Tünche über den Pinsel in den Ärmel seines Mantels laufen ließ, während er ihn betrachtete.

This stranger, to the perceptions of the proprietor of the cocoanut shy, appeared to be talking to himself, and Mr. Huxter remarked the same thing.

4.1

Der Fremde schien in den Augen des Besitzers der Kokosnuss-Schüchternheit mit sich selbst zu reden, und Herr Huxter bemerkte dasselbe.

He stopped at the foot of the "Coach and Horses" steps, and, according to Mr. Huxter, appeared to undergo a severe internal struggle before he could induce himself to enter the house.

4.2

Er blieb am Fuße der "Coach and Horses"-Treppe stehen und schien, so Mr. Huxter, einen schweren inneren Kampf zu bestehen, bevor er sich dazu durchringen konnte, das Haus zu betreten.

Finally he marched up the steps,

4.3

Schließlich marschierte er die Treppe hinauf und wurde von Mr. Huxter dabei beobachtet,

and was seen by Mr. Huxter to turn to the left and open the door of the parlour.

4.4

wie er sich nach links drehte und die Tür zum Salon öffnete.

4.5 Mr. Huxter heard voices from within the room and from the bar apprising the man of his error.

Mr. Huxter hörte Stimmen aus dem Zimmer und von der Bar, die den Mann auf seinen Fehler aufmerksam machten.

4.6 "That room's private!" said Hall,

"Das Zimmer ist privat!" sagte Hall,

4.7 and the stranger shut the door clumsily and went into the bar.

woraufhin der Fremde die Tür unbeholfen schloss und in die Bar ging.

5.1 In the course of a few minutes he reappeared, wiping his lips with the back of his hand with an air of quiet satisfaction that somehow impressed Mr. Huxter as assumed.

Nach einigen Minuten erschien er wieder und wischte sich mit dem Handrücken über die Lippen, wobei er eine stille Zufriedenheit ausstrahlte, die Mr. Huxter irgendwie als anmaßend empfand.

5.2 He stood looking about him for some moments, and then Mr. Huxter saw him walk in an oddly furtive manner towards the gates of the yard, upon which the parlour window opened.

Er sah sich einige Augenblicke lang um, und dann sah Mr. Huxter, wie er in einer seltsam verstohlenen Weise auf das Hoftor zuging, zu dem sich das Wohnzimmerfenster öffnete.

5.3 The stranger, after some hesitation, leant against one of the gate-posts, produced a short clay pipe, and prepared to fill it.

Der Fremde lehnte sich nach einigem Zögern gegen einen der Torpfosten, holte eine kurze Tonpfeife hervor und machte sich daran, sie zu füllen.

His fingers trembled while doing so. 5.4

Seine Finger zitterten dabei.

He lit it clumsily, and folding his arms began to 5.5
smoke in a languid attitude, an attitude which his
occasional glances up the yard altogether belied.

Er zündete sie unbeholfen an und verschränkte die Arme,
um in einer trägen Haltung zu rauchen, eine Haltung, die
seine gelegentlichen Blicke auf den Hof völlig widerlegten.

All this Mr. Huxter saw over the canisters of 6.1
the tobacco window, and the singularity of the
man's behaviour prompted him to maintain his
observation.

All dies sah Mr. Huxter über die Kanister des
Tabakfensters, und die Eigenart des Verhaltens des Mannes
veranlasste ihn, seine Beobachtung aufrechtzuerhalten.

Presently the stranger stood up abruptly and put his 7.1
pipe in his pocket.

Plötzlich stand der Fremde abrupt auf und steckte seine
Pfeife in die Tasche.

Then he vanished into the yard. 7.2

Dann verschwand er auf dem Hof.

Forthwith Mr. Huxter, conceiving he was witness of 7.3
some petty larceny, leapt round his counter and ran
out into the road to intercept the thief.

Sofort sprang Mr. Huxter, der glaubte, Zeuge eines kleinen
Diebstahls zu sein, um seinen Tresen herum und lief auf
die Straße, um den Dieb abzufangen.

7.4 As he did so, Mr. Marvel reappeared, his hat askew, a big bundle in a blue table-cloth in one hand, and three books tied together -

Als er dies tat, tauchte Mr. Marvel wieder auf, den Hut schief aufgesetzt, ein großes Bündel in einem blauen Tischtuch in der einen Hand und drei Bücher -

7.5 as it proved afterwards with the Vicar's braces -

wie sich später herausstellte, mit den Hosenträgern des Vikars zusammengebunden -

7.6 in the other.

in der anderen.

7.7 Directly he saw Huxter he gave a sort of gasp, and turning sharply to the left, began to run.

Als er Huxter sah, zuckte er zusammen, drehte sich scharf nach links und begann zu rennen.

7.8 "Stop, thief!" cried Huxter, and set off after him.

"Halt, Dieb!" rief Huxter und setzte ihm nach.

7.9 Mr. Huxter's sensations were vivid but brief.

Mr. Huxters Empfindungen waren lebhaft, aber kurz.

7.10 He saw the man just before him and spurting briskly for the church corner and the hill road.

Er sah den Mann direkt vor sich und spurtete zügig auf die Kirchenecke und die Bergstraße zu.

7.11 He saw the village flags and festivities beyond,

Er sah die Fahnen des Dorfes und die Festlichkeiten dahinter,

7.12 and a face or so turned towards him. He bawled, "Stop!" again.

und ein Gesicht wandte sich ihm zu. Er brüllte erneut "Halt!" .

He had hardly gone ten strides before his shin was caught in some mysterious fashion, and he was no longer running, but flying with inconceivable rapidity through the air.

7.13

Kaum war er zehn Schritte gegangen, wurde sein Schienbein auf mysteriöse Weise erfasst, und er rannte nicht mehr, sondern flog mit unvorstellbarer Geschwindigkeit durch die Luft.

He saw the ground suddenly close to his face.

7.14

Plötzlich sah er den Boden dicht vor seinem Gesicht.

The world seemed to splash into a million whirling specks of light,

7.15

Die Welt schien in eine Million wirbelnder Lichtpunkte zu zerfallen,

and subsequent proceedings interested him no more.

7.16

und das weitere Geschehen interessierte ihn nicht mehr.

CHAPTER XI. IN THE "COACH AND HORSES"

KAPITEL XI. IN DER "KUTSCHE UND PFERDE"

1.1 Now in order clearly to understand what had happened in the inn, it is necessary to go back to the moment when Mr. Marvel first came into view of Mr. Huxter's window.

Um nun klar zu verstehen, was in dem Gasthaus geschehen war, muss man zu dem Moment zurückgehen, als Mr. Marvel zum ersten Mal vor Mr. Huxters Fenster stand.

2.1 At that precise moment Mr. Cuss and Mr. Bunting were in the parlour.

Genau in diesem Moment waren Mr. Cuss und Mr. Bunting im Salon.

2.2 They were seriously investigating the strange occurrences of the morning, and were, with Mr. Hall's permission, making a thorough examination of the Invisible Man's belongings.

Sie untersuchten ernsthaft die seltsamen Vorkommnisse des Morgens und nahmen mit Mr. Halls Erlaubnis eine gründliche Untersuchung der Habseligkeiten des unsichtbaren Mannes vor.

Jaffers had partially recovered from his fall and had gone home in the charge of his sympathetic friends. 2.3

Jaffers hatte sich teilweise von seinem Sturz erholt und war in der Obhut seiner mitfühlenden Freunde nach Hause gegangen.

The stranger's scattered garments had been removed by Mrs. Hall and the room tidied up. 2.4

Die verstreuten Kleidungsstücke des Fremden waren von Mrs. Hall entfernt und das Zimmer aufgeräumt worden.

And on the table under the window where the stranger had been wont to work, Cuss had hit almost at once on three big books in manuscript labelled "Diary." 2.5

Und auf dem Tisch unter dem Fenster, wo der Fremde zu arbeiten pflegte, war Cuss fast sofort auf drei dicke, handgeschriebene Bücher mit der Aufschrift "Tagebuch" gestoßen. "

"Diary!" said Cuss, putting the three books on the table. 3.1

"Tagebuch!" sagte Cuss und legte die drei Bücher auf den Tisch.

"Now, at any rate, we shall learn something." 3.2

"Jetzt werden wir auf jeden Fall etwas lernen."

The Vicar stood with his hands on the table. 3.3

Der Vikar stützte sich mit den Händen auf dem Tisch ab.

"Diary," 4.1

"Tagebuch,"

4.2 repeated Cuss, sitting down, putting two volumes to support the third, and opening it.

wiederholte Cuss, setzte sich, legte zwei Bände auf den dritten und schlug ihn auf.

4.3 "H'm - no name on the fly-leaf. Bother! — cypher.

"Hm - kein Name auf dem Vorsatzblatt. Mist! — Zyphäe.

4.4 And figures."

Und Zahlen."

5.1 The vicar came round to look over his shoulder.

Der Vikar drehte sich um und schaute ihm über die Schulter.

6.1 Cuss turned the pages over with a face suddenly disappointed.

Cuss blätterte die Seiten mit einem plötzlich enttäuschten Gesicht um.

6.2 "I'm — dear me! It's all cypher, Bunting."

"Ach, du liebe Zeit! Das ist alles nur Schrift, Bunting."

7.1 "There are no diagrams?" asked Mr. Bunting.

"Es gibt keine Diagramme?" fragte Mr. Bunting.

7.2 "No illustrations throwing light — "

"Keine Illustrationen, die Licht ins Dunkel bringen — "

8.1 "See for yourself," said Mr. Cuss.

"Sehen Sie selbst," sagte Mr. Cuss.

"Some of it's mathematical and some of it's Russian   8.2
or some such language (to judge by the letters), and
some of it's Greek.

"Einiges davon ist mathematisch, einiges ist Russisch oder
eine ähnliche Sprache (den Buchstaben nach zu urteilen),
und einiges ist Griechisch.

Now the Greek I thought you — "   8.3

Ich dachte, das Griechische — "

"Of course,"   9.1

"Natürlich,"

said Mr. Bunting, taking out and wiping   9.2
his spectacles and feeling suddenly very
uncomfortable — for he had no Greek left in his mind
worth talking about;

sagte Mr. Bunting, nahm seine Brille heraus, wischte sie ab
und fühlte sich plötzlich sehr unwohl, denn er hatte kein
Griechisch mehr im Kopf, über das es sich zu reden lohnte;

"yes — the Greek, of course, may furnish a clue."   9.3

"ja, das Griechische kann natürlich einen Hinweis liefern."

"I'll find you a place."   10.1

"Ich werde einen Platz für dich finden."

"I'd rather glance through the volumes first,"   11.1

"Ich würde lieber erst die Bände durchsehen,"

said Mr. Bunting, still wiping.   11.2

sagte Mr. Bunting und wischte noch immer.

11.3 "A general impression first, Cuss, and then, you know, we can go looking for clues."

"Erst einen Gesamteindruck, Cuss, und dann können wir uns auf die Suche nach Hinweisen machen."

12.1 He coughed, put on his glasses, arranged them fastidiously, coughed again, and wished something would happen to avert the seemingly inevitable exposure.

Er hustete, setzte seine Brille auf, rückte sie sorgfältig zurecht, hustete erneut und wünschte sich, es würde etwas passieren, um die scheinbar unvermeidliche Entlarvung abzuwenden.

12.2 Then he took the volume Cuss handed him in a leisurely manner.

Dann nahm er den Band, den Cuss ihm reichte, gemächlich in die Hand.

12.3 And then something did happen.

Und dann geschah tatsächlich etwas.

13.1 The door opened suddenly.

Die Tür öffnete sich plötzlich.

14.1 Both gentlemen started violently, looked round, and were relieved to see a sporadically rosy face beneath a furry silk hat.

Die beiden Herren schreckten auf, sahen sich um und waren erleichtert, ein sporadisch rosiges Gesicht unter einem pelzigen Seidenhut zu sehen.

14.2 "Tap?" asked the face, and stood staring.

"Hahn?" fragte das Gesicht und blieb starr stehen.

"No," said both gentlemen at once.   15.1
"Nein," sagten beide Herren gleichzeitig.

"Over the other side, my man," said Mr.   16.1
Bunting. And
"Auf der anderen Seite, mein Freund," sagte Mr.
Bunting. Und

"Please shut that door," said Mr. Cuss, irritably.   16.2
"Bitte schließen Sie die Tür," sagte Mr. Cuss gereizt.

"All right,"   17.1
"In Ordnung,"

said the intruder, as it seemed in a low voice   17.2
curiously different from the huskiness of its first
inquiry.
sagte der Eindringling, wie es schien, mit einer tiefen
Stimme, die sich merkwürdig von der Heiserkeit seiner
ersten Anfrage unterschied.

"Right you are,"   17.3
"Sie haben recht,"

said the intruder in the former voice. "Stand clear!"   17.4
sagte der Eindringling mit der alten Stimme. "Geh weg!"

and he vanished and closed the door.   17.5
und er verschwand und schloss die Tür.

"A sailor, I should judge," said Mr. Bunting.   18.1
"Ein Seemann, würde ich sagen," sagte Mr. Bunting.

"Amusing fellows, they are. Stand clear! indeed.   18.2
"Amüsante Gesellen sind das. Aus dem Weg! In der Tat.

18.3 A nautical term, referring to his getting back out of the room, I suppose."

Ein nautischer Ausdruck, der sich darauf bezieht, dass er wieder aus dem Zimmer geht, nehme ich an."

19.1 "I daresay so," said Cuss.

"Das glaube ich auch," sagte Cuss.

19.2 "My nerves are all loose to-day.

"Ich bin heute mit den Nerven völlig am Ende.

19.3 It quite made me jump — the door opening like that."

Es hat mich ganz schön erschreckt, dass die Tür so aufgegangen ist."

20.1 Mr. Bunting smiled as if he had not jumped.

Mr. Bunting lächelte, als ob er nicht gesprungen wäre.

20.2 "And now," he said with a sigh, "these books."

"Und jetzt," sagte er mit einem Seufzer, "diese Bücher."

21.1 Someone sniffed as he did so.

Jemand schnupperte dabei.

22.1 "One thing is indisputable,"

"Eines ist unbestreitbar,"

22.2 said Bunting, drawing up a chair next to that of Cuss.

sagte Bunting und zog einen Stuhl neben Cuss heran.

22.3 "There certainly have been very strange things happen in Iping during the last few days -

"In den letzten Tagen haben sich in Iping sehr seltsame Dinge ereignet -

very strange. 22.4

sehr seltsam.

I cannot of course believe in this absurd invisibility 22.5
story — "

Ich kann natürlich nicht an diese absurde
Unsichtbarkeitsgeschichte glauben — "

"It's incredible," said Cuss - "incredible. 23.1

"Es ist unglaublich," sagte Cuss - "unglaublich.

But the fact remains that I saw - 23.2

Aber die Tatsache bleibt, dass ich gesehen habe -

I certainly saw right down his sleeve -" 23.3

ich habe genau in seinen Ärmel gesehen -"

"But did you - are you sure? 24.1

"Aber hast du - bist du sicher?

Suppose a mirror, for instance - 24.2

Nehmen wir an, ein Spiegel, zum Beispiel -

hallucinations are so easily produced. 24.3

Halluzinationen sind so leicht zu erzeugen.

I don't know if you have ever seen a really good 24.4
conjuror — "

Ich weiß nicht, ob du jemals einen wirklich guten Zauberer
gesehen hast — "

"I won't argue again," said Cuss. 25.1

"Ich werde nicht mehr streiten," sagte Cuss.

"We've thrashed that out, Bunting. 25.2

"Das haben wir geklärt, Bunting.

25.3 **And just now there's these books - Ah!**
Und gerade eben sind diese Bücher - ach!

25.4 **here's some of what I take to be Greek!**
hier ist etwas, das ich für griechisch halte!

25.5 **Greek letters certainly."**
Auf jeden Fall griechische Buchstaben."

26.1 **He pointed to the middle of the page.**
Er deutete auf die Mitte der Seite.

26.2 **Mr. Bunting flushed slightly and brought his face nearer,**
Mr. Bunting errötete leicht und rückte sein Gesicht näher heran,

26.3 **apparently finding some difficulty with his glasses.**
wobei er offenbar Schwierigkeiten mit seiner Brille hatte.

26.4 **Suddenly he became aware of a strange feeling at the nape of his neck.**
Plötzlich verspürte er ein seltsames Gefühl in seinem Nacken.

26.5 **He tried to raise his head, and encountered an immovable resistance.**
Er versuchte, den Kopf zu heben, und stieß auf einen unbeweglichen Widerstand.

26.6 **The feeling was a curious pressure, the grip of a heavy, firm hand, and it bore his chin irresistibly to the table.**
Das Gefühl war ein seltsamer Druck, der Griff einer schweren, festen Hand, die sein Kinn unwiderstehlich auf den Tisch drückte.

"Don't move, little men," whispered a voice, 26.7
"Keine Bewegung, kleine Männer," flüsterte eine Stimme,

"or I'll brain you both!" 26.8
"oder ich mache euch beide fertig!"

He looked into the face of Cuss, close to his own, 26.9
and each saw a horrified reflection of his own sickly
astonishment.
Er blickte in das Gesicht von Cuss, das dicht neben seinem
eigenen lag, und jeder sah ein entsetztes Spiegelbild seines
eigenen kränklichen Erstaunens.

"I'm sorry to handle you so roughly," 27.1
"Es tut mir leid, dass ich so grob mit Ihnen umgehe,"

said the Voice, "but it's unavoidable." 27.2
sagte die Stimme, "aber es ist unvermeidlich."

"Since when did you learn to pry into an 28.1
investigator's private memoranda,"
"Seit wann haben Sie gelernt, in den privaten Memoiren
eines Ermittlers herumzuschnüffeln?"

said the Voice; and two chins struck the table 28.2
simultaneously, and two sets of teeth rattled.
sagte die Stimme, und zwei Kinnladen schlugen
gleichzeitig auf den Tisch, und zwei Gebisse klapperten.

"Since when did you learn to invade the private 29.1
rooms of a man in misfortune?"
"Seit wann haben Sie gelernt, in die Privaträume eines
Mannes einzudringen, der im Unglück ist?"

29.2 **and the concussion was repeated.**
und die Erschütterung wurde wiederholt.

30.1 **"Where have they put my clothes?"**
"Wo haben sie meine Kleider hingelegt?"

31.1 **"Listen," said the Voice.**
"Hör zu," sagte die Stimme.

31.2 **"The windows are fastened and I've taken the key out of the door.**
"Die Fenster sind verriegelt und ich habe den Schlüssel aus der Tür genommen.

31.3 **I am a fairly strong man,**
Ich bin ein ziemlich starker Mann,

31.4 **and I have the poker handy -**
und ich habe den Schürhaken griffbereit -

31.5 **besides being invisible.**
außerdem bin ich unsichtbar.

31.6 **There's not the slightest doubt that I could kill you both and get away quite easily if I wanted to -**
Es besteht nicht der geringste Zweifel daran, dass ich euch beide töten und ganz einfach entkommen könnte, wenn ich wollte -

31.7 **do you understand? Very well.**
verstehst du? Nun gut.

31.8 **If I let you go will you promise not to try any nonsense and do what I tell you?"**
Wenn ich euch gehen lasse, versprecht ihr dann, keinen Unsinn zu machen und zu tun, was ich euch sage?"

The vicar and the doctor looked at one another,   32.1
Der Vikar und der Arzt sahen sich an,

and the doctor pulled a face. "Yes,"   32.2
und der Arzt verzog das Gesicht. "Ja,"

said Mr. Bunting, and the doctor repeated it.   32.3
sagte Mr. Bunting, und der Arzt wiederholte es.

Then the pressure on the necks relaxed, and the   32.4
doctor and the vicar sat up, both very red in the face
and wriggling their heads.
Dann ließ der Druck auf die Hälse nach, und der Arzt und
der Vikar setzten sich auf, beide sehr rot im Gesicht und
mit dem Kopf schüttelnd.

"Please keep sitting where you are," said the Invisible   33.1
Man.
"Bitte bleiben Sie sitzen, wo Sie sind," sagte der
Unsichtbare.

"Here's the poker, you see."   33.2
"Hier ist der Schürhaken, siehst du."

"When I came into this room,"   34.1
"Als ich in dieses Zimmer kam,"

continued the Invisible Man, after presenting the   34.2
poker to the tip of the nose of each of his visitors,
fuhr der Unsichtbare fort, nachdem er jedem seiner
Besucher den Schürhaken an die Nasenspitze gehalten
hatte,

34.3 "I did not expect to find it occupied, and I expected to find, in addition to my books of memoranda, an outfit of clothing.

"hatte ich nicht erwartet, es besetzt vorzufinden, und ich hatte erwartet, neben meinen Notizbüchern auch ein Kleidungsstück zu finden.

34.4 Where is it? No - don't rise.

Wo ist es? Nein - stehen Sie nicht auf.

34.5 I can see it's gone.

Ich kann sehen, dass es weg ist.

34.6 Now, just at present, though the days are quite warm enough for an invisible man to run about stark, the evenings are quite chilly.

Jetzt, gerade jetzt, sind die Tage zwar warm genug, damit ein unsichtbarer Mann herumlaufen kann, aber die Abende sind ziemlich kühl.

34.7 I want clothing — and other accommodation;

Ich brauche Kleidung und eine andere Unterkunft;

34.8 and I must also have those three books."

und ich brauche auch diese drei Bücher."

CHAPTER XII. THE INVISIBLE MAN LOSES HIS TEMPER

KAPITEL XII. DER UNSICHTBARE MANN VERLIERT DIE BEHERRSCHUNG

1.1 It is unavoidable that at this point the narrative should break off again, for a certain very painful reason that will presently be apparent.

Es ist unvermeidlich, dass die Erzählung an dieser Stelle wieder abbricht, und zwar aus einem bestimmten, sehr schmerzlichen Grund, der sich in Kürze zeigen wird.

1.2 While these things were going on in the parlour, and while Mr. Huxter was watching Mr. Marvel smoking his pipe against the gate, not a dozen yards away were Mr. Hall and Teddy Henfrey discussing in a state of cloudy puzzlement the one Iping topic.

Während diese Dinge in der Stube vor sich gingen und Mr. Huxter Mr. Marvel beim Rauchen seiner Pfeife am Tor beobachtete, diskutierten Mr. Hall und Teddy Henfrey keine zehn Meter entfernt in einem Zustand trüber Verwirrung über das eine Thema, das uns beschäftigt.

Suddenly there came a violent thud against the door
of the parlour, a sharp cry, and then -

2.1

Plötzlich gab es einen heftigen Schlag gegen die Tür der
Stube, einen spitzen Schrei, und dann -

silence.

2.2

Stille.

"Hul-lo!" said Teddy Henfrey.

3.1

"Hallo!" sagte Teddy Henfrey.

"Hul-lo!" from the Tap.

4.1

"Hul-lo!" vom Wasserhahn.

Mr. Hall took things in slowly but surely.

5.1

Mr. Hall nahm die Dinge langsam aber sicher zur Kenntnis.

"That ain't right,"

5.2

"Das ist nicht richtig,"

he said, and came round from behind the bar towards
the parlour door.

5.3

sagte er und kam hinter der Theke zur Tür des Salons
zurück.

He and Teddy approached the door together,

6.1

Er und Teddy näherten sich gemeinsam der Tür,

with intent faces. Their eyes considered.

6.2

mit abwartenden Gesichtern. Ihre Augen betrachteten sie.

"Summat wrong," said Hall, and Henfrey nodded
agreement.

6.3

"Summat falsch," sagte Hall, und Henfrey nickte
zustimmend.

6.4 Whiffs of an unpleasant chemical odour met them, and there was a muffled sound of conversation, very rapid and subdued.

Ein unangenehmer chemischer Geruch schlug ihnen entgegen, und man hörte ein gedämpftes, schnelles Gespräch.

7.1 "You all right thur?" asked Hall, rapping.

"Alles in Ordnung?" fragte Hall und klopfte.

8.1 The muttered conversation ceased abruptly, for a moment silence, then the conversation was resumed, in hissing whispers, then a sharp cry of:

Das gemurmelte Gespräch verstummte abrupt, einen Moment lang herrschte Stille, dann wurde das Gespräch wieder aufgenommen, in zischendem Flüsterton, dann ein scharfer Schrei:

8.2 "No! no, you don't!"

"Nein! nein, das tust du nicht!"

8.3 There came a sudden motion and the oversetting of a chair,

Eine plötzliche Bewegung und das Umkippen eines Stuhls,

8.4 a brief struggle. Silence again.

ein kurzes Ringen. Wieder Stille.

9.1 "What the dooce?" exclaimed Henfrey, sotto voce.

"Was zum Teufel?" rief Henfrey sotto voce aus.

10.1 "You — all — right thur?" asked Mr. Hall, sharply, again.

"Alles in Ordnung?" fragte Mr. Hall erneut scharf.

The Vicar's voice answered with a curious jerking intonation:

11.1

Die Stimme des Vikars antwortete mit einem seltsam zuckenden Tonfall:

"Quite ri-right. Please don't — interrupt."

11.2

"Ganz recht. Bitte nicht stören."

"Odd!" said Mr. Henfrey.

12.1

"Seltsam!" sagte Mr. Henfrey.

"Odd!" said Mr. Hall.

13.1

"Seltsam!" sagte Mr. Hall.

"Says, 'Don't interrupt, "' said Henfrey.

14.1

"Er sagt, 'Unterbrich mich nicht, "' sagte Henfrey.

"I heerd'n," said Hall.

15.1

"Ich hab's gehört," sagte Hall.

"And a sniff," said Henfrey.

16.1

"Und ein Schnüffeln," sagte Henfrey.

They remained listening.

17.1

Sie hörten weiter zu.

The conversation was rapid and subdued.

17.2

Das Gespräch verlief schnell und gedämpft.

"I can't,"

17.3

"Ich kann nicht,"

said Mr. Bunting, his voice rising;

17.4

sagte Mr. Bunting, seine Stimme erhob sich,

17.5 "I tell you, sir, I will not."
"ich sage Ihnen, Sir, ich werde nicht."

18.1 "What was that?" asked Henfrey.
"Was war das?" fragte Henfrey.

19.1 "Says he wi' nart," said Hall.
"Er sagt, er hat keine Ahnung," sagte Hall.

19.2 "Warn't speaking to us, wuz he?"
"Er hat nicht mit uns gesprochen, oder?"

20.1 "Disgraceful!" said Mr. Bunting, within.
"Eine Schande!" sagte Mr. Bunting innerlich.

21.1 "'Disgraceful,'" said Mr. Henfrey.
"Eine Schande," sagte Mr. Henfrey.

21.2 "I heard it - distinct."
"Ich habe es gehört - undeutlich."

22.1 "Who's that speaking now?" asked Henfrey.
"Wer spricht denn da?" fragte Henfrey.

23.1 "Mr. Cuss, I s'pose," said Hall.
"Mr. Cuss, nehme ich an," sagte Hall.

23.2 "Can you hear — anything?"
"Können Sie irgendetwas hören?"

24.1 Silence.
Stille.

The sounds within indistinct and perplexing. 24.2

Die Geräusche im Inneren sind undeutlich und verwirrend.

"Sounds like throwing the table-cloth about," 25.1

"Das hört sich an, als würde man mit dem Tischtuch um sich werfen,"

said Hall. 25.2

sagte Hall.

Mrs. Hall appeared behind the bar. 26.1

Frau Hall erschien hinter der Theke.

Hall made gestures of silence and invitation. 26.2

Hall macht Gesten des Schweigens und der Einladung.

This aroused Mrs. Hall's wifely opposition. 26.3

Das erregte Mrs. Halls fraulichen Widerstand.

"What yer listenin' there for, Hall?" she asked. 26.4

"Warum hörst du zu, Hall?" fragte sie.

"Ain't you nothin' better to do - busy day like this?" 26.5

"Hast du nichts Besseres zu tun - an einem so hektischen Tag?"

Hall tried to convey everything by grimaces and dumb show, but Mrs. Hall was obdurate. 27.1

Hall versuchte, alles durch Grimassen und stummes Auftreten zu vermitteln, aber Frau Hall war hartnäckig.

She raised her voice. 27.2

Sie erhob ihre Stimme.

27.3 So Hall and Henfrey, rather crestfallen, tiptoed back to the bar, gesticulating to explain to her.

So schlichen Hall und Henfrey, ziemlich niedergeschlagen, zurück zur Bar und gestikulierten, um es ihr zu erklären.

28.1 At first she refused to see anything in what they had heard at all.

Zunächst weigerte sie sich, in dem, was sie gehört hatten, irgendetwas zu sehen.

28.2 Then she insisted on Hall keeping silence, while Henfrey told her his story.

Dann bestand sie darauf, dass Hall schwieg, während Henfrey ihr seine Geschichte erzählte.

28.3 She was inclined to think the whole business nonsense -

Sie war geneigt, die ganze Sache für Unsinn zu halten -

28.4 perhaps they were just moving the furniture about.

vielleicht hatten sie nur die Möbel umgestellt.

28.5 "I heerd'n say 'disgraceful'; that I did," said Hall.

"Ich habe gehört, dass er 'schändlich' gesagt hat, das habe ich," sagte Hall.

29.1 "I heerd that, Mrs. Hall," said Henfrey.

"Das habe ich gehört, Mrs. Hall," sagte Henfrey.

30.1 "Like as not — " began Mrs. Hall.

"So wie nicht," begann Frau Hall.

31.1 "Hsh!" said Mr. Teddy Henfrey.

"Pst!" sagte Mr. Teddy Henfrey.

"Didn't I hear the window?"   31.2
"Habe ich das Fenster nicht gehört?"

"What window?" asked Mrs. Hall.   32.1
"Welches Fenster?" fragte Frau Hall.

"Parlour window," said Henfrey.   33.1
"Das Wohnzimmerfenster," sagte Henfrey.

Everyone stood listening intently.   34.1
Alle standen da und hörten aufmerksam zu.

Mrs. Hall's eyes, directed straight before her, saw   34.2
without seeing the brilliant oblong of the inn door,
the road white and vivid, and Huxter's shop-front
blistering in the June sun.
Frau Halls Augen, die geradeaus vor ihr gerichtet waren,
sahen, ohne es zu sehen, das glänzende Rechteck der
Gasthaustür, die weiße und lebendige Straße und Huxters
Ladenfront, die in der Juni-Sonne glühte.

Abruptly Huxter's door opened and Huxter appeared,   34.3
eyes staring with excitement, arms gesticulating.
Plötzlich öffnete sich Huxters Tür, und Huxter erschien,
die Augen starr vor Aufregung, die Arme gestikulierend.

"Yap!" cried Huxter. "Stop thief!"   34.4
"Jap!" rief Huxter. "Haltet den Dieb!"

and he ran obliquely across the oblong towards the   34.5
yard gates, and vanished.
und er rannte schräg über den Platz zu den Hoftoren und
verschwand.

35.1 Simultaneously came a tumult from the parlour, and a sound of windows being closed.

Gleichzeitig ertönte aus der Stube ein Tumult und das Geräusch von geschlossenen Fenstern.

36.1 Hall, Henfrey, and the human contents of the tap rushed out at once pell-mell into the street.

Hall, Henfrey und der menschliche Inhalt des Wasserhahns stürmten sofort auf die Straße.

36.2 They saw someone whisk round the corner towards the road, and Mr. Huxter executing a complicated leap in the air that ended on his face and shoulder.

Sie sahen, wie jemand um die Ecke auf die Straße flitzte und Mr. Huxter einen komplizierten Sprung in die Luft vollführte, der auf seinem Gesicht und seiner Schulter endete.

36.3 Down the street people were standing astonished or running towards them.

Auf der ganzen Straße standen die Leute staunend oder rannten auf sie zu.

37.1 Mr. Huxter was stunned.

Mr. Huxter war fassungslos.

37.2 Henfrey stopped to discover this, but Hall and the two labourers from the Tap rushed at once to the corner, shouting incoherent things, and saw Mr. Marvel vanishing by the corner of the church wall.

Henfrey blieb stehen, um dies zu entdecken, aber Hall und die beiden Arbeiter vom Wasserhahn eilten sofort zur Ecke, riefen zusammenhanglose Dinge und sahen Mr. Marvel an der Ecke der Kirchenmauer verschwinden.

They appear to have jumped to the impossible
conclusion that this was the Invisible Man suddenly
become visible, and set off at once along the lane in
pursuit.

37.3

Sie scheinen zu dem unmöglichen Schluss gekommen zu
sein, dass dies der unsichtbare Mann war, der plötzlich
sichtbar wurde, und nahmen sofort die Verfolgung über die
Gasse auf.

But Hall had hardly run a dozen yards before he
gave a loud shout of astonishment and went flying
headlong sideways, clutching one of the labourers
and bringing him to the ground.

37.4

Aber Hall hatte kaum ein Dutzend Meter zurückgelegt,
als er einen lauten Schrei des Erstaunens ausstieß und
kopfüber zur Seite flog, wobei er einen der Arbeiter erfasste
und zu Boden warf.

He had been charged just as one charges a man at
football.

37.5

Er war angegriffen worden, so wie man einen Mann beim
Fußball angreift.

The second labourer came round in a circle, stared,
and conceiving that Hall had tumbled over of his
own accord, turned to resume the pursuit, only to be
tripped by the ankle just as Huxter had been.

37.6

Der zweite Arbeiter drehte sich im Kreis, starrte vor
sich hin und erkannte, dass Hall aus eigenem Antrieb
umgefallen war, drehte sich um, um die Verfolgung wieder
aufzunehmen, wurde aber genauso wie Huxter am Knöchel
getroffen.

37.7 Then, as the first labourer struggled to his feet, he was kicked sideways by a blow that might have felled an ox.

Als der erste Arbeiter sich wieder aufrappelte, wurde er mit einem Schlag, der einen Ochsen hätte umwerfen können, zur Seite geschleudert.

38.1 As he went down,

Als er hinunterging,

38.2 the rush from the direction of the village green came round the corner.

kam der Ansturm aus Richtung des Dorfplatzes um die Ecke.

38.3 The first to appear was the proprietor of the cocoanut shy, a burly man in a blue jersey.

Der erste, der auftauchte, war der Besitzer der Kokosnuss-Schüchternheit, ein stämmiger Mann in einem blauen Trikot.

38.4 He was astonished to see the lane empty save for three men sprawling absurdly on the ground.

Er war erstaunt, dass die Gasse leer war, bis auf drei Männer, die sich absurd auf dem Boden ausbreiteten.

38.5 And then something happened to his rear-most foot, and he went headlong and rolled sideways just in time to graze the feet of his brother and partner, following headlong.

Und dann passierte etwas mit seinem hintersten Fuß, und er stürzte kopfüber und rollte gerade noch rechtzeitig zur Seite, um die Füße seines Bruders und seines Partners zu streifen, die kopfüber folgten.

The two were then kicked, knelt on, fallen over, and
cursed by quite a number of over-hasty people.

38.6

Die beiden wurden daraufhin von einer ganzen Reihe
übereilter Leute getreten, niedergekniet, umgeworfen und
verflucht.

Now when Hall and Henfrey and the labourers ran
out of the house, Mrs. Hall, who had been disciplined
by years of experience, remained in the bar next the
till.

39.1

Als nun Hall, Henfrey und die Arbeiter aus dem Haus
liefen, blieb Frau Hall, die durch jahrelange Erfahrung
diszipliniert war, in der Bar neben der Kasse zurück.

And suddenly the parlour door was opened, and Mr.
Cuss appeared, and without glancing at her rushed at
once down the steps toward the corner.

39.2

Plötzlich wurde die Stubentür geöffnet, und Mr. Cuss
erschien, und ohne sie eines Blickes zu würdigen, eilte er
sofort die Treppe hinunter und in die Ecke.

"Hold him!" he cried.

39.3

"Haltet ihn!" rief er.

"Don't let him drop that parcel."

39.4

"Lasst ihn das Päckchen nicht fallen."

He knew nothing of the existence of Marvel.

40.1

Er wusste nichts von der Existenz von Marvel.

For the Invisible Man had handed over the books and
bundle in the yard.

40.2

Denn der unsichtbare Mann hatte ihm die Bücher und das
Bündel im Hof übergeben.

40.3 The face of Mr. Cuss was angry and resolute, but his costume was defective, a sort of limp white kilt that could only have passed muster in Greece.

Das Gesicht von Mr. Cuss war wütend und entschlossen, aber sein Kostüm war mangelhaft, eine Art schlaffer weißer Kilt, der nur in Griechenland hätte bestehen können.

40.4 "Hold him!" he bawled. "He's got my trousers!

"Haltet ihn!" brüllte er. "Er hat meine Hose!

40.5 And every stitch of the Vicar's clothes!"

Und die ganze Kleidung des Vikars!"

41.1 "'Tend to him in a minute!"

"Kümmere dich gleich um ihn!"

41.2 he cried to Henfrey as he passed the prostrate Huxter, and, coming round the corner to join the tumult, was promptly knocked off his feet into an indecorous sprawl.

rief er Henfrey zu, als er an dem am Boden liegenden Huxter vorbeiging, und als er um die Ecke kam, um sich in den Tumult einzuschalten, wurde er prompt von den Füßen gestoßen, so dass er sich unanständig hinlegte.

41.3 Somebody in full flight trod heavily on his finger.

Jemand, der in voller Fahrt war, trat ihm heftig auf den Finger.

He yelled, struggled to regain his feet, was knocked
against and thrown on all fours again, and became
aware that he was involved not in a capture, but a
rout.

41.4

Er schrie auf, kämpfte sich wieder auf die Beine, wurde
umgestoßen und wieder auf alle Viere geworfen, und ihm
wurde bewusst, dass er nicht an einer Gefangennahme,
sondern an einer Flucht beteiligt war.

Everyone was running back to the village.

41.5

Alle rannten zurück ins Dorf.

He rose again and was hit severely behind the ear.

41.6

Er erhob sich wieder und wurde schwer hinter dem Ohr
getroffen.

He staggered and set off back to the

41.7

Er taumelte und machte sich sofort auf den Weg
zurück zum

"Coach and Horses"

41.8

"Coach and Horses,"

forthwith, leaping over the deserted Huxter, who was
now sitting up, on his way.

41.9

wobei er über den verlassenen Huxter sprang, der nun
aufrecht saß.

Behind him as he was halfway up the inn steps he
heard a sudden yell of rage, rising sharply out of
the confusion of cries, and a sounding smack in
someone's face.

42.1

Als er auf halbem Weg die Stufen des Gasthauses hinauf
war, hörte er hinter sich einen plötzlichen Wutschrei, der
sich aus dem Durcheinander der Schreie erhob, und einen
lauten Schlag ins Gesicht.

42.2 **He recognised the voice as that of the Invisible Man, and the note was that of a man suddenly infuriated by a painful blow.**

Er erkannte die Stimme als die des unsichtbaren Mannes, und der Ton war der eines Mannes, der plötzlich durch einen schmerzhaften Schlag wütend wurde.

43.1 **In another moment Mr. Cuss was back in the parlour.**

In einem anderen Moment war Mr. Cuss wieder in der Stube.

43.2 **"He's coming back, Bunting!" he said, rushing in.**

"Er kommt zurück, Bunting!" sagte er und stürmte herein.

43.3 **"Save yourself!"**

"Rette dich!"

44.1 **Mr. Bunting was standing in the window engaged in an attempt to clothe himself in the hearth-rug and a West Surrey Gazette.**

Mr. Bunting stand am Fenster und versuchte, sich in den Kaminteppich und eine West Surrey Gazette zu kleiden.

44.2 **"Who's coming?" he said,**

"Wer kommt denn da?" fragte er so erschrocken,

44.3 **so startled that his costume narrowly escaped disintegration.**

dass sein Kostüm nur knapp dem Zerfall entging.

45.1 **"Invisible Man," said Cuss, and rushed on to the window.**

"Unsichtbarer Mann," sagte Cuss und eilte zum Fenster.

45.2 **"We'd better clear out from here!**

"Wir sollten besser von hier verschwinden!

He's fighting mad! Mad!" 45.3

Er kämpft wie verrückt! Verrückt!"

In another moment he was out in the yard. 46.1

In einem anderen Moment war er draußen auf dem Hof.

"Good heavens!" said Mr. Bunting, 47.1

"Gütiger Himmel!" sagte Mr. Bunting,

hesitating between two horrible alternatives. 47.2

zwischen zwei schrecklichen Alternativen schwankend.

He heard a frightful struggle in the passage of the 47.3
inn,

Er hörte einen furchtbaren Kampf auf dem Gang des
Gasthauses,

and his decision was made. 47.4

und seine Entscheidung war gefallen.

He clambered out of the window, adjusted his 47.5
costume hastily, and fled up the village as fast as
his fat little legs would carry him.

Er kletterte aus dem Fenster, richtete eilig sein Kostüm und
floh so schnell ihn seine dicken Beinchen trugen, das Dorf
hinauf.

From the moment when the Invisible Man screamed 48.1
with rage and Mr. Bunting made his memorable
flight up the village, it became impossible to give a
consecutive account of affairs in Iping.

Von dem Moment an, als der Unsichtbare Mann vor Wut
schrie und Mr. Bunting seine denkwürdige Flucht durch
das Dorf antrat, wurde es unmöglich, einen fortlaufenden
Bericht über die Angelegenheiten in Iping zu geben.

48.2 Possibly the Invisible Man's original intention was simply to cover Marvel's retreat with the clothes and books.

Möglicherweise war es die ursprüngliche Absicht des unsichtbaren Mannes, Marvels Rückzug mit den Kleidern und Büchern zu decken.

48.3 But his temper, at no time very good, seems to have gone completely at some chance blow, and forthwith he set to smiting and overthrowing, for the mere satisfaction of hurting.

Aber seine Laune, die zu keiner Zeit sehr gut war, scheint bei einem zufälligen Schlag völlig aus dem Ruder gelaufen zu sein, und er machte sich sofort daran, zu schlagen und zu stürzen, nur um sich zu verletzen.

49.1 You must figure the street full of running figures,

Man muss sich die Straße voller rennender Gestalten vorstellen,

49.2 of doors slamming and fights for hiding-places.

voller zuschlagender Türen und Kämpfe um Verstecke.

49.3 You must figure the tumult suddenly striking on the unstable equilibrium of old Fletcher's planks and two chairs -

Du musst dir den Tumult vorstellen, der plötzlich auf das instabile Gleichgewicht von Fletchers Brettern und zwei Stühlen trifft -

49.4 with cataclysmic results.

mit katastrophalen Folgen.

49.5 You must figure an appalled couple caught dismally in a swing.

Man muss sich ein entsetztes Paar vorstellen, das in einer Schaukel gefangen ist.

And then the whole tumultuous rush has passed and the Iping street with its gauds and flags is deserted save for the still raging unseen, and littered with cocoanuts, overthrown canvas screens, and the scattered stock in trade of a sweetstuff stall. 49.6

Und dann ist der ganze Tumult vorbei, und die Ipingstraße mit ihren Prunkwagen und Fahnen ist bis auf den immer noch wütenden Unsichtbaren menschenleer und übersät mit Kokosnüssen, umgestürzten Leinwänden und dem verstreuten Inventar eines Süßwarenstandes.

Everywhere there is a sound of closing shutters and shoving bolts, 49.7

Überall hört man das Schließen von Fensterläden und das Schieben von Riegeln,

and the only visible humanity is an occasional flitting eye under a raised eyebrow in the corner of a window pane. 49.8

und die einzige sichtbare Menschlichkeit ist ein gelegentliches flüchtiges Auge unter einer hochgezogenen Augenbraue in der Ecke einer Fensterscheibe.

The Invisible Man amused himself for a little while by breaking all the windows in the 50.1

Der unsichtbare Mann amüsierte sich eine Weile damit, alle Fenster im

"Coach and Horses," 50.2

"Coach and Horses"

and then he thrust a street lamp through the parlour window of Mrs. Gribble. 50.3

einzuschlagen, und dann warf er eine Straßenlaterne durch das Wohnzimmerfenster von Mrs. Gribble.

50.4   He it must have been who cut the telegraph wire to Adderdean just beyond Higgins'

Er muss es gewesen sein, der den Telegrafendraht nach Adderdean kurz hinter Higgins'

50.5   cottage on the Adderdean road.

Häuschen an der Straße nach Adderdean durchtrennt hat.

50.6   And after that, as his peculiar qualities allowed, he passed out of human perceptions altogether, and he was neither heard, seen, nor felt in Iping any more.

Und danach, so wie es seine besonderen Eigenschaften zuließen, verschwand er ganz aus der menschlichen Wahrnehmung, und man hörte, sah oder fühlte ihn in Iping nicht mehr.

50.7   He vanished absolutely.

Er war völlig verschwunden.

51.1   But it was the best part of two hours before any human being ventured out again into the desolation of Iping street.

Aber es dauerte fast zwei Stunden, bis sich wieder ein Mensch in die Trostlosigkeit der Ipingstraße wagte.

CHAPTER XIII. MR. MARVEL DISCUSSES HIS RESIGNATION

KAPITEL XIII. MR. MARVEL BESPRICHT SEINEN RÜCKTRITT

1.1 When the dusk was gathering and Iping was just beginning to peep timorously forth again upon the shattered wreckage of its Bank Holiday, a short, thick-set man in a shabby silk hat was marching painfully through the twilight behind the beechwoods on the road to Bramblehurst.

Als die Dämmerung hereinbrach und Iping gerade begann, die Trümmer seines Bankfeiertags wieder zu erblicken, marschierte ein kleiner, dicklicher Mann mit einem schäbigen Seidenhut mühsam durch die Dämmerung hinter den Buchen auf dem Weg nach Bramblehurst.

1.2 He carried three books bound together by some sort of ornamental elastic ligature, and a bundle wrapped in a blue table-cloth.

Er trug drei Bücher bei sich, die mit einer Art elastischer Zierbinde zusammengebunden waren, und ein in ein blaues Tischtuch eingewickeltes Bündel.

His rubicund face expressed consternation and fatigue;   1.3

Sein rötliches Gesicht drückte Bestürzung und Müdigkeit aus;

he appeared to be in a spasmodic sort of hurry.   1.4

er schien in krampfhafter Eile zu sein.

He was accompanied by a voice other than his own,   1.5

Eine fremde Stimme begleitete ihn,

and ever and again he winced under the touch of unseen hands.   1.6

und immer wieder zuckte er unter der Berührung unsichtbarer Hände zusammen.

"If you give me the slip again," said the Voice,   2.1

"Wenn du mir noch einmal entwischst," sagte die Stimme,

"if you attempt to give me the slip again — "   2.2

"wenn du noch einmal versuchst, mir zu entwischen — "

"Lord!" said Mr. Marvel.   3.1

"Gott!" sagte Mr. Marvel.

"That shoulder's a mass of bruises as it is."   3.2

"Diese Schulter ist schon eine Masse von Prellungen."

"On my honour," said the Voice,   4.1

"Bei meiner Ehre," sagte die Stimme,

"I will kill you."   4.2

"ich werde dich töten."

5.1 "I didn't try to give you the slip,"
"Ich habe nicht versucht, dich zu betrügen,"

5.2 said Marvel, in a voice that was not far remote from tears.
sagte Marvel mit einer Stimme, die den Tränen nicht fern war.

5.3 "I swear I didn't.
"Ich schwöre, ich habe es nicht getan.

5.4 I didn't know the blessed turning, that was all!
Ich kannte die gesegnete Wendung nicht, das war alles!

5.5 How the devil was I to know the blessed turning?
Woher zum Teufel sollte ich die gesegnete Wendung kennen?

5.6 As it is, I've been knocked about — "
Wie es aussieht, bin ich umgestoßen worden — "

6.1 "You'll get knocked about a great deal more if you don't mind,"
"Du wirst noch viel mehr Prügel beziehen, wenn es dir nichts ausmacht,"

6.2 said the Voice, and Mr. Marvel abruptly became silent.
sagte die Stimme, und Mr. Marvel verstummte abrupt.

6.3 He blew out his cheeks,
Er blies seine Wangen auf,

6.4 and his eyes were eloquent of despair.
und seine Augen sprachen von Verzweiflung.

"It's bad enough to let these floundering yokels explode my little secret, without your cutting off with my books.

7.1

"Es ist schon schlimm genug, dass diese Tölpel mein kleines Geheimnis auffliegen lassen, ohne dass du mit meinen Büchern abhaust.

It's lucky for some of them they cut and ran when they did!

7.2

Ein Glück für einige von ihnen, dass sie abgehauen sind, als sie es taten!

Here am I ...No one knew I was invisible!

7.3

Hier bin ich ...Keiner wusste, dass ich unsichtbar bin!

And now what am I to do?"

7.4

Und was soll ich jetzt tun?"

"What am I to do?" asked Marvel, sotto voce.

8.1

"Was soll ich tun?" fragte Marvel sotto voce.

"It's all about. It will be in the papers!

9.1

"Es geht um alles. Es wird in den Zeitungen stehen!

Everybody will be looking for me; everyone on their guard — "

9.2

Alle werden nach mir suchen, alle werden auf der Hut sein — "

The Voice broke off into vivid curses and ceased.

9.3

Die Stimme brach in lautstarke Flüche aus und verstummte.

The despair of Mr. Marvel's face deepened,

10.1

Die Verzweiflung in Mr. Marvels Gesicht vertiefte sich,

10.2 **and his pace slackened.**
und seine Schritte wurden langsamer.

11.1 **"Go on!" said the Voice.**
"Mach weiter!" sagte die Stimme.

12.1 **Mr. Marvel's face assumed a greyish tint between the ruddier patches.**
Mr. Marvels Gesicht nahm zwischen den rötlichen Flecken eine gräuliche Färbung an.

13.1 **"Don't drop those books, stupid,"**
"Lass die Bücher nicht fallen, Dummkopf,"

13.2 **said the Voice, sharply — overtaking him.**
sagte die Stimme und holte ihn scharf ein.

14.1 **"The fact is," said the Voice,**
"Tatsache ist," sagte die Stimme,

14.2 **"I shall have to make use of you ...You're a poor tool,**
"dass ich dich benutzen muss ...Du bist ein schlechtes Werkzeug,

14.3 **but I must."**
aber ich muss es tun."

15.1 **"I'm a miserable tool," said Marvel.**
"Ich bin ein miserabler Trottel," sagte Marvel.

16.1 **"You are," said the Voice.**
"Das bist du," sagte die Stimme.

"I'm the worst possible tool you could have,"   17.1
"Ich bin das schlechteste Werkzeug, das man haben kann,"

said Marvel.   17.2
sagte Marvel.

"I'm not strong,"   18.1
"Ich bin nicht stark,"

he said after a discouraging silence.   18.2
sagte er nach einem entmutigenden Schweigen.

"I'm not over strong," he repeated.   19.1
"Ich bin nicht zu stark," wiederholte er.

"No?"   20.1
"Nein?"

"And my heart's weak.   21.1
"Und mein Herz ist schwach.

That little business — I pulled it through,   21.2
Diese kleine Angelegenheit — ich habe es natürlich
durchgezogen,

of course — but bless you! I could have dropped."   21.3
aber Gott sei Dank! Ich hätte umfallen können."

"Well?"   22.1
"Und?"

23.1 "I haven't the nerve and strength for the sort of thing you want."

"Ich habe nicht die Nerven und die Kraft für so etwas, wie du es willst."

24.1 "I'll stimulate you."

"Ich werde dich stimulieren."

25.1 "I wish you wouldn't.

"Ich wünschte, du würdest es nicht tun.

25.2 I wouldn't like to mess up your plans, you know.

Ich möchte deine Pläne nicht durchkreuzen, weißt du.

25.3 But I might - out of sheer funk and misery."

Aber ich könnte es tun - aus lauter Spaß und Elend."

26.1 "You'd better not,"

"Das solltest du besser nicht tun,"

26.2 said the Voice, with quiet emphasis.

sagte die Stimme mit leisem Nachdruck.

27.1 "I wish I was dead," said Marvel.

"Ich wünschte, ich wäre tot," sagte Marvel.

28.1 "It ain't justice," he said;

"Das ist keine Gerechtigkeit," sagte er;

28.2 "you must admit ...It seems to me I've a perfect right — "

"Sie müssen zugeben ...Es scheint mir, dass ich ein vollkommenes Recht habe ..."

"Get on!" said the Voice.

29.1

"Steig auf!" sagte die Stimme.

Mr. Marvel mended his pace,

30.1

Mr. Marvel verlangsamte seinen Schritt,

and for a time they went in silence again.

30.2

und eine Zeitlang gingen sie wieder schweigend.

"It's devilish hard," said Mr. Marvel.

31.1

"Es ist teuflisch schwer," sagte Mr. Marvel.

This was quite ineffectual. He tried another tack.

32.1

Das war ziemlich unwirksam. Er versuchte einen anderen
Weg.

"What do I make by it?"

33.1

"Was soll ich damit anfangen?"

he began again in a tone of unendurable wrong.

33.2

begann er wieder in einem Tonfall unerträglichen
Unrechts.

"Oh! shut up!"

34.1

"Ach, halt die Klappe,"

said the Voice, with sudden amazing vigour.

34.2

sagte die Stimme plötzlich mit erstaunlichem Nachdruck.

"I'll see to you all right. You do what you're told.

34.3

"Ich kümmere mich schon um dich. Du tust, was man dir
sagt.

34.4 You'll do it all right. You're a fool and all that,
Du wirst es gut machen. Du bist ein Narr und so,

34.5 but you'll do — "
aber du wirst es tun — "

35.1 "I tell you, sir, I'm not the man for it.
"Ich sage Ihnen, Sir, ich bin nicht der richtige Mann dafür.

35.2 Respectfully — but it is so — "
Bei allem Respekt, aber es ist so ..."

36.1 "If you don't shut up I shall twist your wrist again,"
"Wenn du nicht still bist, werde ich dir wieder das Handgelenk verdrehen,"

36.2 said the Invisible Man. "I want to think."
sagte der unsichtbare Mann. "Ich will nachdenken."

37.1 Presently two oblongs of yellow light appeared through the trees,
Bald tauchten zwei gelbe Lichtstreifen zwischen den Bäumen auf,

37.2 and the square tower of a church loomed through the gloaming.
und der viereckige Turm einer Kirche zeichnete sich in der Dämmerung ab.

37.3 "I shall keep my hand on your shoulder,"
"Ich werde meine Hand auf deiner Schulter halten,"

37.4 said the Voice, "all through the village.
sagte die Stimme, "durch das ganze Dorf.

Go straight through and try no foolery.   37.5

Geh geradewegs hindurch und versuche keine
Dummheiten.

It will be the worse for you if you do."   37.6

Wenn du das tust, wird es dir umso schlechter ergehen."

"I know that," sighed Mr. Marvel,   38.1

"Das weiß ich," seufzte Mr. Marvel,

"I know all that."   38.2

"das weiß ich alles."

The unhappy-looking figure in the obsolete silk   39.1
hat passed up the street of the little village with his
burdens, and vanished into the gathering darkness
beyond the lights of the windows.

Die unglücklich aussehende Gestalt mit dem veralteten
Seidenhut ging mit ihren Lasten die Straße des kleinen
Dorfes hinauf und verschwand in der zunehmenden
Dunkelheit hinter den Lichtern der Fenster.

CHAPTER XIV. AT PORT STOWE

KAPITEL XIV. AM HAFEN STOWE

1.1 Ten o'clock the next morning found Mr. Marvel, unshaven, dirty, and travel-stained, sitting with the books beside him and his hands deep in his pockets, looking very weary, nervous, and uncomfortable, and inflating his cheeks at infrequent intervals, on the bench outside a little inn on the outskirts of Port Stowe.

Am nächsten Morgen um zehn Uhr saß Mr. Marvel, unrasiert, schmutzig und reisekrank, mit den Büchern neben sich und den Händen tief in den Taschen, sehr müde, nervös und unbehaglich aussehend und die Wangen in unregelmäßigen Abständen aufblasend, auf einer Bank vor einem kleinen Gasthaus am Rande von Port Stowe.

1.2 Beside him were the books,

Neben ihm lagen die Bücher,

1.3 but now they were tied with string.

aber jetzt waren sie mit einer Schnur zusammengebunden.

The bundle had been abandoned in the pine-woods beyond Bramblehurst,

1.4

Das Bündel war in den Kiefernwäldern jenseits von Bramblehurst zurückgelassen worden,

in accordance with a change in the plans of the Invisible Man.

1.5

weil der Unsichtbare Mann seine Pläne geändert hatte.

Mr. Marvel sat on the bench, and although no one took the slightest notice of him, his agitation remained at fever heat.

1.6

Mr. Marvel saß auf der Bank, und obwohl niemand die geringste Notiz von ihm nahm, blieb seine Erregung fieberhaft.

His hands would go ever and again to his various pockets with a curious nervous fumbling.

1.7

Seine Hände wanderten immer wieder mit einem seltsam nervösen Fummeln in seine verschiedenen Taschen.

When he had been sitting for the best part of an hour, however, an elderly mariner, carrying a newspaper, came out of the inn and sat down beside him.

2.1

Als er jedoch schon fast eine Stunde gesessen hatte, kam ein älterer Seemann mit einer Zeitung aus dem Gasthaus und setzte sich neben ihn.

"Pleasant day," said the mariner.

2.2

"Angenehmer Tag," sagte der Seemann.

Mr. Marvel glanced about him with something very like terror.

3.1

Mr. Marvel blickte sich mit so etwas wie Entsetzen um.

3.2 **"Very," he said.**
"Sehr," sagte er.

4.1 **"Just seasonable weather for the time of year,"**
"Das Wetter ist für die Jahreszeit angemessen,"

4.2 **said the mariner, taking no denial.**
sagte der Seemann, ohne zu leugnen.

5.1 **"Quite," said Mr. Marvel.**
"Ganz recht," sagte Mr. Marvel.

6.1 **The mariner produced a toothpick,**
Der Seemann holte einen Zahnstocher hervor und war
damit einige Minuten lang beschäftigt,

6.2 **and (saving his regard) was engrossed thereby for
some minutes.**
ohne ihn zu beachten.

6.3 **His eyes meanwhile were at liberty to examine Mr.
Marvel's dusty figure, and the books beside him.**
In der Zwischenzeit konnten seine Augen die staubige
Gestalt von Mr. Marvel und die Bücher neben ihm
untersuchen.

6.4 **As he had approached Mr. Marvel he had heard a
sound like the dropping of coins into a pocket.**
Als er sich Mr. Marvel näherte, hörte er ein Geräusch wie
das Fallenlassen von Münzen in eine Tasche.

6.5 **He was struck by the contrast of Mr. Marvel's
appearance with this suggestion of opulence.**
Er war erstaunt über den Kontrast zwischen Mr. Marvels
Erscheinung und diesem Eindruck von Reichtum.

Thence his mind wandered back again to a topic that had taken a curiously firm hold of his imagination. 6.6

Von da an wanderten seine Gedanken wieder zu einem Thema, das seine Phantasie seltsam fest im Griff hatte.

"Books?" he said suddenly, 7.1

"Bücher?" sagte er plötzlich,

noisily finishing with the toothpick. 7.2

während er geräuschvoll mit dem Zahnstocher fertig wurde.

Mr. Marvel started and looked at them. "Oh, yes," 8.1

Herr Marvel erschrak und sah sie an. "Oh, ja,"

he said. "Yes, they're books." 8.2

sagte er. "Ja, es sind Bücher."

"There's some extra-ordinary things in books," 9.1

"In Büchern stehen einige außergewöhnliche Dinge,"

said the mariner. 9.2

sagte der Seemann.

"I believe you," said Mr. Marvel. 10.1

"Ich glaube Ihnen," sagte Mr. Marvel.

"And some extra-ordinary things out of 'em," 11.1

"Und ein paar außergewöhnliche Dinge,"

said the mariner. 11.2

sagte der Seemann.

12.1 "True likewise," said Mr. Marvel.
"Das stimmt auch," sagte Mr. Marvel.

12.2 He eyed his interlocutor, and then glanced about him.
Er musterte seinen Gesprächspartner und schaute sich
dann um.

13.1 "There's some extra-ordinary things in newspapers,
for example,"
"In den Zeitungen stehen zum Beispiel einige
außergewöhnliche Dinge,"

13.2 said the mariner.
sagte der Seemann.

14.1 "There are."
"Es gibt sie."

15.1 "In this newspaper," said the mariner.
"In dieser Zeitung," sagte der Seemann.

16.1 "Ah!" said Mr. Marvel.
"Ah!" sagte Mr. Marvel.

17.1 "There's a story,"
"Es gibt eine Geschichte,"

17.2 said the mariner, fixing Mr. Marvel with an eye that
was firm and deliberate;
sagte der Seemann und fixierte Mr. Marvel mit einem
festen und bedächtigen Blick;

17.3 "there's a story about an Invisible Man,
"eine Geschichte über einen unsichtbaren Mann,

for instance."
17.4
zum Beispiel."

Mr. Marvel pulled his mouth askew and scratched his
18.1
cheek and felt his ears glowing.
Mr. Marvel verzog den Mund, kratzte sich an der Wange
und spürte, wie seine Ohren glühten.

"What will they be writing next?"
18.2
"Was werden sie als Nächstes schreiben?"

he asked faintly. "Ostria, or America?"
18.3
fragte er mit schwacher Stimme. "Ostrien oder Amerika?"

"Neither," said the mariner. "Here."
19.1
"Weder noch," sagte der Seemann. "Hier."

"Lord!" said Mr. Marvel, starting.
20.1
"Herr!" sagte Mr. Marvel und schreckte auf.

"When I say here,"
21.1
"Wenn ich hier sage,"

said the mariner, to Mr. Marvel's intense relief,
21.2
sagte der Seemann zu Mr. Marvels großer Erleichterung,

"I don't of course mean here in this place,
21.3
"dann meine ich natürlich nicht hier an diesem Ort,

I mean hereabouts."
21.4
sondern hier in der Nähe."

"An Invisible Man!" said Mr. Marvel.
22.1
"Ein unsichtbarer Mann!" sagte Mr. Marvel.

22.2 "And what's he been up to?"
"Und was hat er so getrieben?"

23.1 "Everything,"
"Alles,"

23.2 said the mariner, controlling Marvel with his eye, and then amplifying,
sagte der Seemann, indem er Marvel mit seinem Blick kontrollierte und dann verstärkte,

23.3 "every - blessed - thing."
"alles - alles - alles."

24.1 "I ain't seen a paper these four days,"
"Ich habe seit vier Tagen keine Zeitung mehr gesehen,"

24.2 said Marvel.
sagte Marvel.

25.1 "Iping's the place he started at,"
"Iping ist der Ort, an dem er gestartet ist,"

25.2 said the mariner.
sagte der Seemann.

26.1 "In-deed!" said Mr. Marvel.
"In der Tat!" sagte Mr. Marvel.

27.1 "He started there. And where he came from,
"Er hat dort angefangen. Und woher er kam,

27.2 nobody don't seem to know. Here it is:
scheint niemand zu wissen. Hier ist es:

'Pe-culiar Story from Iping.' 27.3

'Pe-culiar Story from Iping.'

And it says in this paper that the evidence is extra- 27.4
ordinary strong — extra- ordinary."

Und in diesem Papier steht, dass die Beweise
außerordentlich stark außerordentlich sind."

"Lord!" said Mr. Marvel. 28.1

"Mein Gott!" sagte Mr. Marvel.

"But then, it's an extra-ordinary story. 29.1

"Aber das ist eine außergewöhnliche Geschichte.

There is a clergyman and a medical gent witnesses — 29.2
saw 'im all right and proper — or leastways didn't see
'im.

Es gibt einen Geistlichen und einen Mediziner als Zeugen,
die ihn wohl gesehen haben - oder zumindest nicht gesehen
haben.

He was staying, it says, at the 'Coach an' Horses,' 29.3

Er wohnte, so heißt es, im "Coach an' Horses,"

and no one don't seem to have been aware of his 29.4
misfortune, it says, aware of his misfortune, until in
an Altercation in the inn, it says, his bandages on his
head was torn off.

und niemand scheint von seinem Unglück gewusst zu
haben, so heißt es, bis bei einer Auseinandersetzung
im Gasthaus, so heißt es, die Bandagen an seinem Kopf
abgerissen wurden.

It was then ob-served that his head was invisible. 29.5

Daraufhin stellte man fest, dass sein Kopf unsichtbar war.

29.6 Attempts were At Once made to secure him, but casting off his garments, it says, he succeeded in escaping, but not until after a desperate struggle, in which he had inflicted serious injuries, it says, on our worthy and able constable, Mr. J. A. Jaffers.

Es wurden sofort Versuche unternommen, ihn zu sichern, aber er warf seine Kleider ab und konnte entkommen, aber erst nach einem verzweifelten Kampf, bei dem er unserem würdigen und fähigen Wachtmeister, Mr. J. A. Jaffers, schwere Verletzungen zugefügt hatte.

29.7 Pretty straight story, eh? Names and everything."

Ziemlich klare Geschichte, was? Mit Namen und allem."

30.1 "Lord!"

"Mein Gott!"

30.2 said Mr. Marvel, looking nervously about him, trying to count the money in his pockets by his unaided sense of touch, and full of a strange and novel idea.

sagte Mr. Marvel, blickte sich nervös um, versuchte mit seinem Tastsinn das Geld in seinen Taschen zu zählen und war von einer seltsamen und neuen Idee erfüllt.

30.3 "It sounds most astonishing."

"Das klingt höchst erstaunlich."

31.1 "Don't it? Extra-ordinary, I call it.

"Nicht wahr? Außergewöhnlich, nenne ich es.

31.2 Never heard tell of Invisible Men before, I haven't, but nowadays one hears such a lot of extra-ordinary things — that — "

Ich habe noch nie etwas von unsichtbaren Männern gehört, aber heutzutage hört man so viele außergewöhnliche Dinge, dass ..."

"That all he did?" asked Marvel,   32.1
"Ist das alles, was er getan hat?" fragte Marvel und versuchte,

trying to seem at his ease.   32.2
sich zu beruhigen.

"It's enough, ain't it?" said the mariner.   33.1
"Es ist genug, nicht wahr?" sagte der Seemann.

"Didn't go Back by any chance?" asked Marvel.   34.1
"Sie sind nicht zufällig zurückgegangen?" fragte Marvel.

"Just escaped and that's all, eh?"   34.2
"Nur entkommen und das ist alles, was?"

"All!" said the mariner. "Why! — ain't it enough?"   35.1
"Alles," sagte der Seemann. "Warum? Ist das nicht genug?"

"Quite enough," said Marvel.   36.1
"Das reicht," sagte Marvel.

"I should think it was enough," said the mariner.   37.1
"Ich denke, es war genug," sagte der Seemann.

"I should think it was enough."   37.2
"Ich denke, es war genug."

"He didn't have any pals -   38.1
"Er hatte keine Kumpel -

it don't say he had any pals, does it?"   38.2
es steht doch nicht drin, dass er Kumpel hatte, oder?"

38.3 **asked Mr. Marvel, anxious.**

fragte Mr. Marvel besorgt.

39.1 **"Ain't one of a sort enough for you?" asked the mariner.**

"Reicht dir nicht eine von der Sorte?" fragte der Seemann.

39.2 **"No, thank Heaven, as one might say, he didn't."**

"Nein, dem Himmel sei Dank, wie man sagen könnte, hat er nicht."

40.1 **He nodded his head slowly.**

Er nickte langsam mit dem Kopf.

40.2 **"It makes me regular uncomfortable,**

"Ich fühle mich regelrecht unwohl bei dem bloßen Gedanken,

40.3 **the bare thought of that chap running about the country!**

dass dieser Kerl im Land herumläuft!

40.4 **He is at present At Large, and from certain evidence it is supposed that he has — taken — took, I suppose they mean — the road to Port Stowe.**

Er ist derzeit auf freiem Fuß, und aufgrund gewisser Indizien wird vermutet, dass er die Straße nach Port Stowe genommen hat - ich nehme an, sie meinen die Straße nach Port Stowe.

40.5 **You see we're right in it!**

Sie sehen, wir sind mitten drin!

40.6 **None of your American wonders, this time.**

Diesmal gibt es keine amerikanischen Wunder.

And just think of the things he might do! 40.7

Und denken Sie nur an die Dinge, die er tun könnte!

Where'd you be, if he took a drop over and above, and 40.8
had a fancy to go for you?

Wo wärst du, wenn er einen Sprung über den Berg machen
würde und Lust hätte, dich zu holen?

Suppose he wants to rob - who can prevent him? 40.9

Angenommen, er will rauben - wer kann ihn daran
hindern?

He can trespass, he can burgle, he could walk 40.10
through a cordon of policemen as easy as me or you
could give the slip to a blind man!

Er kann eindringen, er kann einbrechen, er könnte
durch eine Polizeikette laufen, so einfach wie ich, oder
du könntest einem Blinden entkommen!

Easier! For these here blind chaps hear uncommon 40.11
sharp,

Leichter! Denn diese blinden Kerle hier hören
ungewöhnlich gut,

I'm told. And wherever there was liquor he 40.12
fancied — "

wie ich höre. Und wo immer es Schnaps gab, dachte er
sich — "

"He's got a tremenjous advantage, certainly," 41.1

"Er hat sicherlich einen großen Vorteil,"

said Mr. Marvel. "And - well ..." 41.2

sagte Mr. Marvel. "Und - na ja ..."

42.1 "You're right," said the mariner. "He has."

"Du hast recht," sagte der Seemann. "Das hat er."

43.1 All this time Mr. Marvel had been glancing about him intently, listening for faint footfalls, trying to detect imperceptible movements.

Die ganze Zeit über hatte sich Mr. Marvel aufmerksam umgesehen, auf leise Schritte gelauscht und versucht, unmerkliche Bewegungen wahrzunehmen.

43.2 He seemed on the point of some great resolution.

Er schien kurz vor einem großen Entschluss zu stehen.

43.3 He coughed behind his hand.

Er hustete hinter seiner Hand.

44.1 He looked about him again, listened, bent towards the mariner, and lowered his voice:

Er schaute sich noch einmal um, lauschte, beugte sich zu dem Seemann hinunter und sagte mit gesenkter Stimme:

44.2 "The fact of it is — I happen — to know just a thing or two about this Invisible Man.

"Tatsache ist, dass ich zufällig ein oder zwei Dinge über diesen Unsichtbaren Mann weiß.

44.3 From private sources."

Aus privaten Quellen."

45.1 "Oh!" said the mariner, interested. "You?"

"Oh!" sagte der Seemann interessiert. "Sie?"

46.1 "Yes," said Mr. Marvel. "Me."

"Ja," sagte Mr. Marvel. "Ich."

"Indeed!" said the mariner. "And may I ask — " 47.1
"In der Tat!" sagte der Seemann. "Und darf ich fragen — "

"You'll be astonished," 48.1
"Sie werden staunen,"

said Mr. Marvel behind his hand. 48.2
sagte Mr. Marvel hinter vorgehaltener Hand.

"It's tremenjous." 48.3
"Es ist tremenjous."

"Indeed!" said the mariner. 49.1
"In der Tat!" sagte der Seemann.

"The fact is," 50.1
"Es ist so,"

began Mr. Marvel eagerly in a confidential 50.2
undertone.
begann Mr. Marvel eifrig in einem vertraulichen Unterton.

Suddenly his expression changed marvellously. 50.3
Plötzlich veränderte sich sein Gesichtsausdruck auf
wundersame Weise.

"Ow!" he said. He rose stiffly in his seat. 50.4
"Au!" sagte er. Er erhob sich steif von seinem Sitz.

His face was eloquent of physical suffering. "Wow!" 50.5
Sein Gesicht zeugte von körperlichem Leid. "Wow!"

he said. 50.6
sagte er.

51.1 "What's up?" said the mariner, concerned.
"Was ist los?" fragte der Seemann besorgt.

52.1 "Toothache,"
"Zahnschmerzen,"

52.2 said Mr. Marvel, and put his hand to his ear.
sagte Mr. Marvel und legte die Hand an sein Ohr.

52.3 He caught hold of his books.
Er griff nach seinen Büchern.

52.4 "I must be getting on, I think," he said.
"Ich glaube, ich komme voran," sagte er.

52.5 He edged in a curious way along the seat away from his interlocutor.
Er entfernte sich auf seltsame Weise von seinem Gesprächspartner auf dem Sitz.

52.6 "But you was just a-going to tell me about this here Invisible Man!"
"Aber Sie wollten mir doch gerade von diesem unsichtbaren Mann erzählen!"

52.7 protested the mariner.
protestierte der Seemann.

52.8 Mr. Marvel seemed to consult with himself.
Mr. Marvel schien sich mit sich selbst zu beraten.

52.9 "Hoax," said a Voice. "It's a hoax,"
"Ein Scherz," sagte eine Stimme. "Es ist ein Scherz,"

52.10 said Mr. Marvel.
sagte Mr. Marvel.

"But it's in the paper," said the mariner. 53.1
"Aber es steht in der Zeitung," sagte der Seemann.

"Hoax all the same," said Marvel. 54.1
"Trotzdem ein Schwindel," sagte Marvel.

"I know the chap that started the lie. 54.2
"Ich kenne den Kerl, der die Lüge verbreitet hat.

There ain't no Invisible Man whatsoever — Blimey." 54.3
Es gibt gar keinen Unsichtbaren Mann, Blimey."

"But how 'bout this paper? D'you mean to say — ?" 55.1
"Aber was ist mit dieser Zeitung? Willst du sagen — ?"

"Not a word of it," said Marvel, stoutly. 56.1
"Kein Wort davon," sagte Marvel hartnäckig.

The mariner stared, paper in hand. 57.1
Der Seemann starrte vor sich hin, das Papier in der Hand.

Mr. Marvel jerkily faced about. 57.2
Mr. Marvel drehte sich ruckartig um.

"Wait a bit," 57.3
"Warten Sie einen Moment,"

said the mariner, rising and speaking slowly: 57.4
sagte der Seemann, stand auf und sprach langsam:

"D'you mean to say — ?" 57.5
"Wollen Sie damit sagen — ?"

58.1 "I do," said Mr. Marvel.

"Das tue ich," sagte Mr. Marvel.

59.1 "Then why did you let me go on and tell you all this blarsted stuff,

"Warum hast du mich dann fortfahren lassen,

59.2 then?

dir all dieses verdammte Zeug zu erzählen?

59.3 What d'yer mean by letting a man make a fool of himself like that for?

Was meinst du damit, einen Mann sich so zum Narren machen zu lassen?

59.4 Eh?"

Eh?"

60.1 Mr. Marvel blew out his cheeks.

Mr. Marvel blies seine Wangen aus.

60.2 The mariner was suddenly very red indeed; he clenched his hands.

Der Seemann wurde plötzlich ganz rot und ballte die Hände.

60.3 "I been talking here this ten minutes," he said;

"Ich habe hier zehn Minuten lang geredet," sagte er,

60.4 "and you, you little pot-bellied, leathery-faced son of an old boot, couldn't have the elementary manners -"

"und du, du kleiner, dickbäuchiger, ledergesichtiger Sohn eines alten Stiefels, konntest nicht einmal die elementaren Umgangsformen beherrschen -"

"Don't you come bandying words with me," said Mr. Marvel.   61.1

"Kommen Sie mir nicht mit Worten," sagte Mr. Marvel.

"Bandying words! I'm a jolly good mind — "   62.1

"Wortgeklingel! Ich bin ein guter Geist — "

"Come up," said a Voice,   63.1

"Komm hoch," sagte eine Stimme,

and Mr. Marvel was suddenly whirled about and started marching off in a curious spasmodic manner.   63.2

und Mr. Marvel wurde plötzlich herumgewirbelt und marschierte krampfhaft los.

"You'd better move on," said the mariner.   63.3

"Sie sollten besser weitergehen," sagte der Seemann.

"Who's moving on?" said Mr. Marvel.   63.4

"Wer geht weiter?" fragte Mr. Marvel.

He was receding obliquely with a curious hurrying gait, with occasional violent jerks forward.   63.5

Er entfernte sich schräg mit einem merkwürdigen, eiligen Gang, mit gelegentlichen heftigen Sprüngen nach vorn.

Some way along the road he began a muttered monologue,   63.6

Ein Stück des Weges begann er einen gemurmelten Monolog,

protests and recriminations.   63.7

Proteste und Vorwürfe.

"Silly devil!"   64.1

"Dummer Teufel!"

64.2 said the mariner, legs wide apart, elbows akimbo, watching the receding figure.

sagte der Seemann, die Beine weit gespreizt, die Ellbogen in die Höhe gestreckt, und beobachtete die sich entfernende Gestalt.

64.3 "I'll show you, you silly ass — hoaxing me!

"Ich werde es dir zeigen, du dummer Arsch, der mich verarscht!

64.4 It's here — on the paper!"

Es steht hier auf dem Papier!"

65.1 Mr. Marvel retorted incoherently and, receding, was hidden by a bend in the road, but the mariner still stood magnificent in the midst of the way, until the approach of a butcher's cart dislodged him.

Mr. Marvel antwortete zusammenhanglos und zog sich zurück, um in einer Straßenbiegung versteckt zu werden, aber der Seemann stand immer noch prächtig in der Mitte des Weges, bis er durch das Herannahen eines Fleischerwagens abgelenkt wurde.

65.2 Then he turned himself towards Port Stowe.

Dann drehte er sich in Richtung Port Stowe.

65.3 "Full of extra-ordinary asses," he said softly to himself.

"Voller außergewöhnlicher Esel," sagte er leise zu sich selbst.

65.4 "Just to take me down a bit -

"Nur um mich ein bisschen zu ärgern -

65.5 that was his silly game - It's on the paper!"

das war sein dummes Spiel - es steht in der Zeitung!"

And there was another extraordinary thing he was presently to hear,

66.1

Und noch etwas Außergewöhnliches sollte er hören,

that had happened quite close to him.

66.2

das sich ganz in seiner Nähe ereignet hatte.

And that was a vision of a "fist full of money"

66.3

Und das war die Vision einer "Faust voller Geld"

(no less) travelling without visible agency,

66.4

(nicht weniger),

along by the wall at the corner of St. Michael's Lane.

66.5

die sich ohne sichtbares Zutun an der Mauer an der Ecke der St. Michael's Lane entlang bewegte.

A brother mariner had seen this wonderful sight that very morning.

66.6

Ein Seemannsbruder hatte diesen wunderbaren Anblick an jenem Morgen gesehen.

He had snatched at the money forthwith and had been knocked headlong, and when he had got to his feet the butterfly money had vanished.

66.7

Er hatte sofort nach dem Geld gegriffen und war kopfüber umgestoßen worden, und als er wieder auf die Beine gekommen war, war das Schmetterlingsgeld verschwunden.

Our mariner was in the mood to believe anything, he declared, but that was a bit too stiff.

66.8

Unser Seemann war in der Stimmung, alles zu glauben, erklärte er, aber das war ein bisschen zu steif.

Afterwards, however, he began to think things over.

66.9

Danach begann er jedoch, über die Dinge nachzudenken.

67.1 The story of the flying money was true.

Die Geschichte mit dem fliegenden Geld war wahr.

67.2 And all about that neighbourhood, even from the august London and Country Banking Company, from the tills of shops and inns -

Und überall in der Gegend, selbst bei der erhabenen London and Country Banking Company, an den Kassen der Geschäfte und Gasthäuser -

67.3 doors standing that sunny weather entirely open -

die Türen standen an diesem sonnigen Tag ganz offen -

67.4 money had been quietly and dexterously making off that day in handfuls and rouleaux, floating quietly along by walls and shady places, dodging quickly from the approaching eyes of men.

war das Geld an diesem Tag leise und geschickt in Handvoll und Röllchen verschwunden, es schwebte leise an Mauern und schattigen Plätzen entlang und wich den herannahenden Augen der Menschen schnell aus.

67.5 And it had, though no man had traced it, invariably ended its mysterious flight in the pocket of that agitated gentleman in the obsolete silk hat, sitting outside the little inn on the outskirts of Port Stowe.

Und es hatte, obwohl niemand es aufgespürt hatte, seinen geheimnisvollen Flug immer in der Tasche des aufgeregten Herrn mit dem veralteten Seidenhut beendet, der vor dem kleinen Gasthaus am Rande von Port Stowe saß.

68.1 It was ten days after -

Erst zehn Tage später -

68.2 and indeed only when the Burdock story was already old -

und in der Tat erst, als die Klettengeschichte schon alt war -

that the mariner collated these facts and began to 68.3
understand how near he had been to the wonderful
Invisible Man.

trug der Seemann diese Fakten zusammen und begann zu
verstehen, wie nahe er dem wunderbaren Unsichtbaren
Mann gewesen war.

CHAPTER XV. THE MAN WHO WAS RUNNING

KAPITEL XV. DER MANN, DER RANNTE

1.1 In the early evening time Dr. Kemp was sitting in his study in the belvedere on the hill overlooking Burdock.

Am frühen Abend saß Dr. Kemp in seinem Arbeitszimmer im Belvedere auf dem Hügel über Burdock.

1.2 It was a pleasant little room, with three windows — north, west, and south — and bookshelves covered with books and scientific publications, and a broad writing-table, and, under the north window, a microscope, glass slips, minute instruments, some cultures, and scattered bottles of reagents.

Es war ein angenehmer kleiner Raum mit drei Fenstern - Nord - West - und Südfenster - und Bücherregalen, die mit Büchern und wissenschaftlichen Publikationen bedeckt waren, sowie einem breiten Schreibtisch und unter dem Nordfenster ein Mikroskop, Glasstücke, winzige Instrumente, einige Kulturen und verstreute Flaschen mit Reagenzien.

Dr. Kemp's solar lamp was lit, albeit the sky was still bright with the sunset light, and his blinds were up because there was no offence of peering outsiders to require them pulled down.

1.3

Dr. Kemps Solarlampe brannte, obwohl der Himmel noch vom Sonnenuntergang hell erleuchtet war, und seine Jalousien waren hochgezogen, weil es keine Beleidigung durch spähende Außenstehende gab, die das Herunterlassen der Jalousien verlangt hätte.

Dr. Kemp was a tall and slender young man, with flaxen hair and a moustache almost white, and the work he was upon would earn him, he hoped, the fellowship of the Royal Society, so highly did he think of it.

1.4

Dr. Kemp war ein großer, schlanker junger Mann mit flachsfarbenem Haar und einem fast weißen Schnurrbart, und die Arbeit, an der er arbeitete, würde ihm, so hoffte er, die Mitgliedschaft in der Royal Society einbringen, so hoch schätzte er sie ein.

And his eye, presently wandering from his work, caught the sunset blazing at the back of the hill that is over against his own.

2.1

Und als er von seiner Arbeit abschweifte, fiel sein Blick auf den Sonnenuntergang, der auf der Rückseite des Hügels, der an den seinen grenzt, aufleuchtete.

For a minute perhaps he sat, pen in mouth, admiring the rich golden colour above the crest, and then his attention was attracted by the little figure of a man, inky black, running over the hill-brow towards him.

2.2

Vielleicht eine Minute lang saß er da, die Feder im Mund, und bewunderte die satte goldene Farbe über dem Kamm, und dann wurde seine Aufmerksamkeit von der kleinen Gestalt eines Mannes erregt, der in tiefem Schwarz über die Hügelkuppe auf ihn zulief.

2.3 He was a shortish little man, and he wore a high hat, and he was running so fast that his legs verily twinkled.

Es war ein kleiner Mann, der einen hohen Hut trug und so schnell lief, dass seine Beine förmlich funkelten.

3.1 "Another of those fools," said Dr. Kemp.

"Noch einer von diesen Narren," sagte Dr. Kemp.

3.2 "Like that ass who ran into me this morning round a corner, with the

"Wie der Esel, der mir heute Morgen an der Ecke begegnet ist, mit dem

3.3 "Visible Man a-coming, sir!'

"Visible Man a-coming, Sir!'

3.4 I can't imagine what possesses people.

Ich kann mir nicht vorstellen, was in den Leuten vorgeht.

3.5 One might think we were in the thirteenth century."

Man könnte meinen, wir befänden uns im dreizehnten Jahrhundert."

4.1 He got up, went to the window, and stared at the dusky hillside, and the dark little figure tearing down it.

Er stand auf, ging zum Fenster und starrte auf den düsteren Hügel und die dunkle kleine Gestalt, die ihn hinunterrannte.

4.2 "He seems in a confounded hurry," said Dr. Kemp,

"Er scheint es verdammt eilig zu haben," sagte Dr. Kemp,

4.3 "but he doesn't seem to be getting on.

"aber er scheint nicht vorwärts zu kommen.

If his pockets were full of lead, _{4.4}

Selbst wenn seine Taschen voller Blei wären,

he couldn't run heavier." _{4.5}

könnte er nicht schneller laufen."

"Spurted, sir," said Dr. Kemp. _{5.1}

"Gespritzt, Sir," sagte Dr. Kemp.

In another moment the higher of the villas that had _{6.1}
clambered up the hill from Burdock had occulted the
running figure.

In einem anderen Moment verdeckte die höhere der Villen,
die den Hügel von Burdock hinaufgeklettert waren, die
rennende Gestalt.

He was visible again for a moment, and again, and _{6.2}
then again, three times between the three detached
houses that came next, and then the terrace hid him.

Einen Moment lang war er wieder sichtbar, und dann
wieder, und dann wieder, dreimal zwischen den drei
nächsten Einfamilienhäusern, und dann verdeckte ihn die
Terrasse.

"Asses!" said Dr. Kemp, _{7.1}

"Esel!" sagte Dr. Kemp,

swinging round on his heel and walking back to his _{7.2}
writing-table.

drehte sich auf dem Absatz um und ging zurück zu seinem
Schreibtisch.

8.1 But those who saw the fugitive nearer, and perceived the abject terror on his perspiring face, being themselves in the open roadway, did not share in the doctor's contempt.

Diejenigen aber, die den Flüchtigen näher sahen und den Schrecken auf seinem schwitzenden Gesicht wahrnahmen, teilten die Verachtung des Arztes nicht, da sie selbst auf offener Straße standen.

8.2 By the man pounded, and as he ran he chinked like a well-filled purse that is tossed to and fro.

Der Mann schlug um sich, und während er rannte, klirrte er wie ein gut gefüllter Geldbeutel, der hin und her geschleudert wird.

8.3 He looked neither to the right nor the left, but his dilated eyes stared straight downhill to where the lamps were being lit, and the people were crowded in the street.

Er schaute weder nach rechts noch nach links, sondern seine geweiteten Augen starrten geradeaus bergab, dorthin, wo die Lampen angezündet wurden und sich die Menschen auf der Straße drängten.

8.4 And his ill-shaped mouth fell apart, and a glairy foam lay on his lips, and his breath came hoarse and noisy.

Und sein schlecht geformter Mund fiel auseinander, und ein glasiger Schaum lag auf seinen Lippen, und sein Atem kam heiser und geräuschvoll.

8.5 All he passed stopped and began staring up the road and down, and interrogating one another with an inkling of discomfort for the reason of his haste.

Alle, an denen er vorbeikam, blieben stehen und begannen, die Straße hinauf und hinunter zu starren und sich gegenseitig mit einer Ahnung von Unbehagen nach dem Grund seiner Eile zu befragen.

And then presently, far up the hill, a dog playing in the road yelped and ran under a gate, and as they still wondered something - 9.1

Und dann, weit oben auf dem Hügel, kläffte ein Hund, der auf der Straße spielte, und rannte unter einem Gatter hindurch, und während sie sich noch wunderten, rauschte etwas vorbei -

a wind - a pad, pad, pad, - 9.2

ein Wind - ein pad, pad, pad -

a sound like a panting breathing, rushed by. 9.3

ein Geräusch wie ein hechelnder Atem.

People screamed. People sprang off the pavement: 10.1

Menschen schrien. Die Menschen sprangen vom Bürgersteig:

It passed in shouts, 10.2

Es ging in Schreien vorbei,

it passed by instinct down the hill. 10.3

es ging instinktiv den Hügel hinunter.

They were shouting in the street before Marvel was halfway there. 10.4

Sie schrien schon auf der Straße, als Marvel noch nicht halbwegs da war.

They were bolting into houses and slamming the doors behind them, 10.5

Sie stürmten in die Häuser und knallten die Türen hinter sich zu,

with the news. 10.6

mit der Nachricht.

10.7 He heard it and made one last desperate spurt.

Er hörte es und machte einen letzten verzweifelten Spurt.

10.8 Fear came striding by, rushed ahead of him, and in a moment had seized the town.

Die Angst schritt an ihm vorbei, eilte ihm voraus und hatte im Nu die Stadt in Besitz genommen.

11.1 "The Invisible Man is coming! The Invisible Man!"

"Der unsichtbare Mann kommt! Der Unsichtbare Mann!"

CHAPTER XVI. IN THE "JOLLY CRICKETERS"

KAPITEL XVI. BEI DEN "JOLLY CRICKETERS"

1.1 The "Jolly Cricketers" is just at the bottom of the hill,
Das "Jolly Cricketers" liegt am Fuß des Hügels,

1.2 where the tram-lines begin.
wo die Straßenbahnlinien beginnen.

1.3 The barman leant his fat red arms on the counter and talked of horses with an anaemic cabman, while a black-bearded man in grey snapped up biscuit and cheese, drank Burton, and conversed in American with a policeman off duty.
Der Barmann lehnt seine fetten roten Arme auf den Tresen und spricht mit einem blutarmen Taxifahrer über Pferde, während ein schwarzbärtiger Mann in Grau Kekse und Käse verzehrt, Burton trinkt und sich mit einem Polizisten außer Dienst auf Amerikanisch unterhält.

2.1 "What's the shouting about!"
"Was soll das Geschrei!"

said the anaemic cabman, going off at a tangent, 2.2
trying to see up the hill over the dirty yellow blind in
the low window of the inn.

fragte der blutarme Taxifahrer und versuchte, über
die schmutzig-gelbe Jalousie im niedrigen Fenster des
Gasthauses den Hügel hinaufzusehen.

Somebody ran by outside. "Fire, perhaps," 2.3

Jemand rannte draußen vorbei. "Vielleicht ein Feuer,"

said the barman. 2.4

sagte der Barmann.

Footsteps approached, running heavily, the door 3.1
was pushed open violently, and Marvel, weeping
and dishevelled, his hat gone, the neck of his coat
torn open, rushed in, made a convulsive turn, and
attempted to shut the door.

Schwere Schritte näherten sich, die Tür wurde gewaltsam
aufgestoßen, und Marvel, weinend und zerzaust, ohne Hut,
mit aufgerissenem Mantelkragen, stürzte herein, drehte
sich krampfhaft um und versuchte, die Tür zu schließen.

It was held half open by a strap. 3.2

Sie wurde von einem Riemen halb offen gehalten.

"Coming!" he bawled, his voice shrieking with terror. 4.1

"Er kommt!" brüllte er mit schriller Stimme vor Angst.

"He's coming. The 'Visible Man! After me! 4.2

"Er kommt. Der 'Visible Man'! Er ist hinter mir her!

For Gawd's sake! 'Elp! 'Elp! 'Elp!" 4.3

Um Himmels willen! 'Ilfe! 'Ilfe! 'Ilfe!"

5.1 "Shut the doors," said the policeman.
"Schließen Sie die Türen," sagte der Polizist.

5.2 "Who's coming? What's the row?"
"Wer kommt denn da? Was ist das für ein Streit?"

5.3 He went to the door, released the strap, and it slammed.
Er ging zur Tür, löste den Riemen, und sie schlug zu.

5.4 The American closed the other door.
Der Amerikaner schloss die andere Tür.

6.1 "Lemme go inside,"
"Lass mich reingehen,"

6.2 said Marvel, staggering and weeping, but still clutching the books.
sagte Marvel, taumelnd und weinend, aber immer noch die Bücher umklammernd.

6.3 "Lemme go inside. Lock me in - somewhere.
"Lass mich reingehen. Schließt mich ein - irgendwo.

6.4 I tell you he's after me.
Ich sage dir, er ist hinter mir her.

6.5 I give him the slip.
Ich habe ihm den Laufpass gegeben.

6.6 He said he'd kill me and he will."
Er sagte, er würde mich umbringen, und das wird er auch."

7.1 "You're safe,"
"Sie sind in Sicherheit,"

said the man with the black beard.   7.2
sagte der Mann mit dem schwarzen Bart.

"The door's shut. What's it all about?"   7.3
"Die Tür ist geschlossen. Was soll das alles?"

"Lemme go inside,"   8.1
"Lassen Sie mich hineingehen,"

said Marvel, and shrieked aloud as a blow suddenly   8.2
made the fastened door shiver and was followed by a
hurried rapping and a shouting outside.
sagte Marvel und schrie laut auf, als plötzlich ein Schlag die
verschlossene Tür erzittern ließ, gefolgt von einem eiligen
Klopfen und einem Rufen von draußen.

"Hullo," cried the policeman, "who's there?"   8.3
"Hallo," rief der Polizist, "wer ist da?"

Mr. Marvel began to make frantic dives at panels that   8.4
looked like doors.
Mr. Marvel begann hektisch nach den Platten zu greifen,
die wie Türen aussahen.

"He'll kill me - he's got a knife or something.   8.5
"Er wird mich umbringen - er hat ein Messer oder so etwas.

For Gawd's sake —!"   8.6
Um Himmels willen!"

"Here you are," said the barman.   9.1
"Da sind Sie ja," sagte der Barmann.

"Come in here." And he held up the flap of the bar.   9.2
"Kommen Sie hier herein." Und er hielt die Klappe der Bar
hoch.

10.1 Mr. Marvel rushed behind the bar as the summons outside was repeated.

Mr. Marvel eilte hinter den Tresen, als die Aufforderung draußen wiederholt wurde.

10.2 "Don't open the door," he screamed.

"Öffnen Sie nicht die Tür!" schrie er.

10.3 "Please don't open the door. Where shall I hide?"

"Bitte öffnen Sie nicht die Tür. Wo soll ich mich verstecken?"

11.1 "This, this Invisible Man, then?"

"Dieser unsichtbare Mann also?"

11.2 asked the man with the black beard,

fragte der Mann mit dem schwarzen Bart,

11.3 with one hand behind him.

der eine Hand hinter sich hielt.

11.4 "I guess it's about time we saw him."

"Ich denke, es ist an der Zeit, dass wir ihn sehen."

12.1 The window of the inn was suddenly smashed in,

Das Fenster des Gasthauses wurde plötzlich eingeschlagen,

12.2 and there was a screaming and running to and fro in the street.

und auf der Straße wurde geschrien und hin - und hergerannt.

12.3 The policeman had been standing on the settee staring out, craning to see who was at the door.

Der Polizist stand auf dem Sofa und starrte hinaus, um zu sehen, wer an der Tür war.

He got down with raised eyebrows. 12.4

Mit hochgezogenen Augenbrauen kam er herunter.

"It's that," he said. 12.5

"Das ist es," sagte er.

The barman stood in front of the bar-parlour door 12.6
which was now locked on Mr. Marvel, stared at the
smashed window, and came round to the two other
men.

Der Barmann stand vor der Kneipentür, die nun für Mr.
Marvel verschlossen war, starrte auf die eingeschlagene
Scheibe und kam zu den beiden anderen Männern.

Everything was suddenly quiet. 13.1

Plötzlich war alles still.

"I wish I had my truncheon," 13.2

"Ich wünschte, ich hätte meinen Knüppel,"

said the policeman, going irresolutely to the door. 13.3

sagte der Polizist und ging unschlüssig zur Tür.

"Once we open, in he comes. 13.4

"Sobald wir öffnen, kommt er herein.

There's no stopping him." 13.5

Man kann ihn nicht aufhalten."

"Don't you be in too much hurry about that door," 14.1

"Haben Sie es mit der Tür nicht so eilig,"

said the anaemic cabman, anxiously. 14.2

sagte der blutarme Taxifahrer besorgt.

15.1 "Draw the bolts," said the man with the black beard,
"Zieh die Bolzen," sagte der Mann mit dem schwarzen Bart,

15.2 "and if he comes — " He showed a revolver in his hand.
"und wenn er kommt — " Er zeigte einen Revolver in der Hand.

16.1 "That won't do," said the policeman; "that's murder."
"Das geht nicht," sagte der Polizist, "das ist Mord."

17.1 "I know what country I'm in,"
"Ich weiß, in welchem Land ich bin,"

17.2 said the man with the beard.
sagte der Mann mit dem Bart.

17.3 "I'm going to let off at his legs. Draw the bolts."
"Ich werde auf seine Beine losgehen. Zieh die Bolzen."

18.1 "Not with that blinking thing going off behind me,"
"Nicht mit diesem blinkenden Ding hinter mir,"

18.2 said the barman, craning over the blind.
sagte der Barmann und beugte sich über die Jalousie.

19.1 "Very well,"
"Nun gut,"

19.2 said the man with the black beard, and stooping down, revolver ready, drew them himself.
sagte der Mann mit dem schwarzen Bart, bückte sich, hielt den Revolver bereit und zog ihn selbst.

Barman, cabman, and policeman faced about. 19.3

Der Barmann, der Taxifahrer und der Polizist drehten sich um.

"Come in," said the bearded man in an undertone, 20.1

"Kommen Sie herein," sagte der bärtige Mann mit Unterton,

standing back and facing the unbolted doors with his 20.2 pistol behind him.

der mit der Pistole im Rücken vor der unverriegelten Tür stand.

No one came in, the door remained closed. 20.3

Keiner kam herein, die Tür blieb geschlossen.

Five minutes afterwards when a second cabman 20.4 pushed his head in cautiously, they were still waiting, and an anxious face peered out of the bar-parlour and supplied information.

Fünf Minuten später, als ein zweiter Droschkenkutscher vorsichtig den Kopf hereinsteckte, warteten sie immer noch, und ein besorgtes Gesicht lugte aus dem Schankraum und gab Auskunft.

"Are all the doors of the house shut?" asked Marvel. 20.5

"Sind alle Türen des Hauses geschlossen?" fragte Marvel.

"He's going round - prowling round. 20.6

"Er geht herum - er schleicht herum.

He's as artful as the devil." 20.7

Er ist so schlau wie der Teufel."

"Good Lord!" said the burly barman. 21.1

"Großer Gott!" sagte der stämmige Barmann.

21.2   "There's the back! Just watch them doors! I say — !"
"Da ist die Rückseite! Passt auf die Türen auf! Ich sage — !"

21.3   He looked about him helplessly.
Er sah sich hilflos um.

21.4   The bar-parlour door slammed and they heard the key turn.
Die Kneipentür schlug zu und sie hörten, wie sich der Schlüssel drehte.

21.5   "There's the yard door and the private door.
"Da ist die Hoftür und die private Tür.

21.6   The yard door — "
Die Hoftür — "

22.1   He rushed out of the bar.
Er stürzte aus der Bar.

23.1   In a minute he reappeared with a carving-knife in his hand.
In einer Minute tauchte er mit einem Schnitzmesser in der Hand wieder auf.

23.2   "The yard door was open!" he said,
"Die Hoftür war offen," sagte er,

23.3   and his fat underlip dropped.
und seine dicke Unterlippe fiel herunter.

23.4   "He may be in the house now!" said the first cabman.
"Vielleicht ist er jetzt im Haus!" sagte der erste Taxifahrer.

24.1   "He's not in the kitchen," said the barman.
"Er ist nicht in der Küche," sagte der Barmann.

"There's two women there, 24.2

"Da sind zwei Frauen,

and I've stabbed every inch of it with this little beef 24.3
slicer.

und ich habe jeden Zentimeter mit diesem kleinen
Rinderhobel durchstochen.

And they don't think he's come in. 24.4

Und sie glauben nicht, dass er reingekommen ist.

They haven't noticed — " 24.5

Sie haben nicht bemerkt — "

"Have you fastened it?" asked the first cabman. 25.1

"Haben Sie es angeschnallt?" fragte der erste Taxifahrer.

"I'm out of frocks," said the barman. 26.1

"Ich habe keine Kutten mehr," sagte der Barmann.

The man with the beard replaced his revolver. 27.1

Der Mann mit dem Bart legte seinen Revolver zurück.

And even as he did so the flap of the bar was 27.2
shut down and the bolt clicked, and then with a
tremendous thud the catch of the door snapped and
the bar-parlour door burst open.

Und noch während er das tat, wurde die Klappe des Tresens
geschlossen und der Riegel klickte, und dann schnappte
mit einem gewaltigen Knall der Türriegel zu und die Tür
der Kneipe sprang auf.

27.3 They heard Marvel squeal like a caught leveret, and forthwith they were clambering over the bar to his rescue.

Sie hörten Marvel wie einen gefangenen Hebel, und sofort kletterten sie über den Tresen, um ihn zu retten.

27.4 The bearded man's revolver cracked and the looking-glass at the back of the parlour starred and came smashing and tinkling down.

Der Revolver des bärtigen Mannes krachte und der Spiegel an der Rückseite der Stube starrte und fiel klirrend zu Boden.

28.1 As the barman entered the room he saw Marvel, curiously crumpled up and struggling against the door that led to the yard and kitchen.

Als der Barmann den Raum betrat, sah er Marvel, der sich seltsam zusammengekrümmt gegen die Tür zum Hof und zur Küche stemmte.

28.2 The door flew open while the barman hesitated, and Marvel was dragged into the kitchen.

Die Tür flog auf, während der Barmann zögerte, und Marvel wurde in die Küche gezerrt.

28.3 There was a scream and a clatter of pans.

Es gab einen Schrei und das Klappern von Pfannen.

28.4 Marvel, head down, and lugging back obstinately, was forced to the kitchen door, and the bolts were drawn.

Marvel wurde mit gesenktem Kopf und starrköpfigem Rücken zur Küchentür gedrängt, und die Riegel wurden gezogen.

Then the policeman, who had been trying to pass the barman, rushed in, followed by one of the cabmen, gripped the wrist of the invisible hand that collared Marvel, was hit in the face and went reeling back. 29.1

Dann stürmte der Polizist, der versucht hatte, an dem Barmann vorbeizukommen, herein, gefolgt von einem der Taxifahrer, ergriff das Handgelenk der unsichtbaren Hand, die Marvel umklammerte, wurde ins Gesicht geschlagen und taumelte zurück.

The door opened, and Marvel made a frantic effort to obtain a lodgment behind it. 29.2

Die Tür öffnete sich, und Marvel versuchte verzweifelt, sich dahinter zu verstecken.

Then the cabman collared something. "I got him," 29.3

Dann rief der Taxifahrer etwas. "Ich habe ihn,"

said the cabman. 29.4

sagte der Taxifahrer.

The barman's red hands came clawing at the unseen. 29.5

Die roten Hände des Barmanns griffen nach dem Unsichtbaren.

"Here he is!" said the barman. 29.6

"Hier ist er!" sagte der Barmann.

Mr. Marvel, released, suddenly dropped to the ground and made an attempt to crawl behind the legs of the fighting men. 30.1

Mr. Marvel, der sich befreit hatte, fiel plötzlich zu Boden und versuchte, hinter die Beine der kämpfenden Männer zu kriechen.

The struggle blundered round the edge of the door. 30.2

Der Kampf plätscherte am Rand der Tür vorbei.

30.3 The voice of the Invisible Man was heard for the first time, yelling out sharply, as the policeman trod on his foot.

Zum ersten Mal ertönte die Stimme des Unsichtbaren, der scharf aufschrie, als der Polizist ihm auf den Fuß trat.

30.4 Then he cried out passionately and his fists flew round like flails.

Dann schrie er leidenschaftlich auf und seine Fäuste flogen wie Dreschflegel umher.

30.5 The cabman suddenly whooped and doubled up,

Der Droschkenkutscher schrie plötzlich auf und krümmte sich,

30.6 kicked under the diaphragm.

trat unter das Zwerchfell.

30.7 The door into the bar-parlour from the kitchen slammed and covered Mr. Marvel's retreat.

Die Tür, die von der Küche in den Barraum führte, schlug zu und verdeckte Mr. Marvels Rückzug.

30.8 The men in the kitchen found themselves clutching at and struggling with empty air.

Die Männer in der Küche klammerten sich an die leere Luft und kämpften mit ihr.

31.1 "Where's he gone?" cried the man with the beard. "Out?"

"Wo ist er hin?" rief der Mann mit dem Bart. "Raus?"

32.1 "This way," said the policeman,

"Hier entlang," sagte der Polizist,

stepping into the yard and stopping. 32.2

betrat den Hof und blieb stehen.

A piece of tile whizzed by his head and smashed 33.1
among the crockery on the kitchen table.

Ein Ziegelstein zischte an seinem Kopf vorbei und
zerschellte zwischen dem Geschirr auf dem Küchentisch.

"I'll show him," 34.1

"Ich werde es ihm zeigen,"

shouted the man with the black beard, and suddenly 34.2
a steel barrel shone over the policeman's shoulder,
and five bullets had followed one another into the
twilight whence the missile had come.

rief der Mann mit dem schwarzen Bart, und plötzlich
leuchtete ein stählerner Lauf über der Schulter des
Polizisten auf, und fünf Kugeln folgten einander in das
Zwielicht, aus dem das Geschoss gekommen war.

As he fired, the man with the beard moved his hand 34.3
in a horizontal curve, so that his shots radiated out
into the narrow yard like spokes from a wheel.

Während er feuerte, bewegte der Mann mit dem Bart
seine Hand in einer horizontalen Kurve, so dass seine
Schüsse wie die Speichen eines Rades in den engen Hof
hinausstrahlten.

A silence followed. "Five cartridges," 35.1

Es folgte ein Schweigen. "Fünf Patronen,"

said the man with the black beard. 35.2

sagte der Mann mit dem schwarzen Bart.

"That's the best of all. Four aces and a joker. 35.3

"Das ist die beste von allen. Vier Asse und ein Joker.

35.4 Get a lantern, someone, and come and feel about for his body."

Holt eine Laterne und schaut euch nach der Leiche um."

Möwenstein Books

www.mowenstein.com

Renowned Authors

H. G. Wells · Ernest Hemingway
H. P. Lovecraft · Lewis Carroll
Franz Kafka · Friedrich Nietzsche
Albert Einstein · Oscar Wilde
Hans Christian Andersen

Notable Works

Frankenstein · *Alice in Wonderland*
Heart of Darkness · *The Great Gatsby*
Siddhartha · *The Metamorphosis*
Thus Spoke Zarathustra

Translation Services

We offer translation services in various languages, including German, Spanish, Chinese, Korean, Arabic, and more. For custom translations or revisions, please contact us at:

Email: translation@mowenstein.com

Our Collections

Franz Kafka Collection

- The Metamorphosis / Die Verwandlung
- The Trial / Der Prozess
- The Castle / Das Schloss
- and many more…

Pakt mit dem Teufel

- Faust Parts I & II by Johann Wolfgang von Goethe
- Doctor Faustus by Christopher Marlowe

Portraits of Irishmen

- The Picture of Dorian Gray by Oscar Wilde
- A Portrait of the Artist as a Young Man by James Joyce

Children's Classics

- Winnie-the-Pooh / Pu der Bär
- Brothers Grimm Fairy Tales
- Fairy Tales Told for Children
    - Author: Hans Christian Andersen

Visit Us

At Möwenstein Books, we are committed to providing high-quality bilingual editions of classic works. Explore our collections and discover more titles across various genres and languages.

Website: www.mowenstein.com